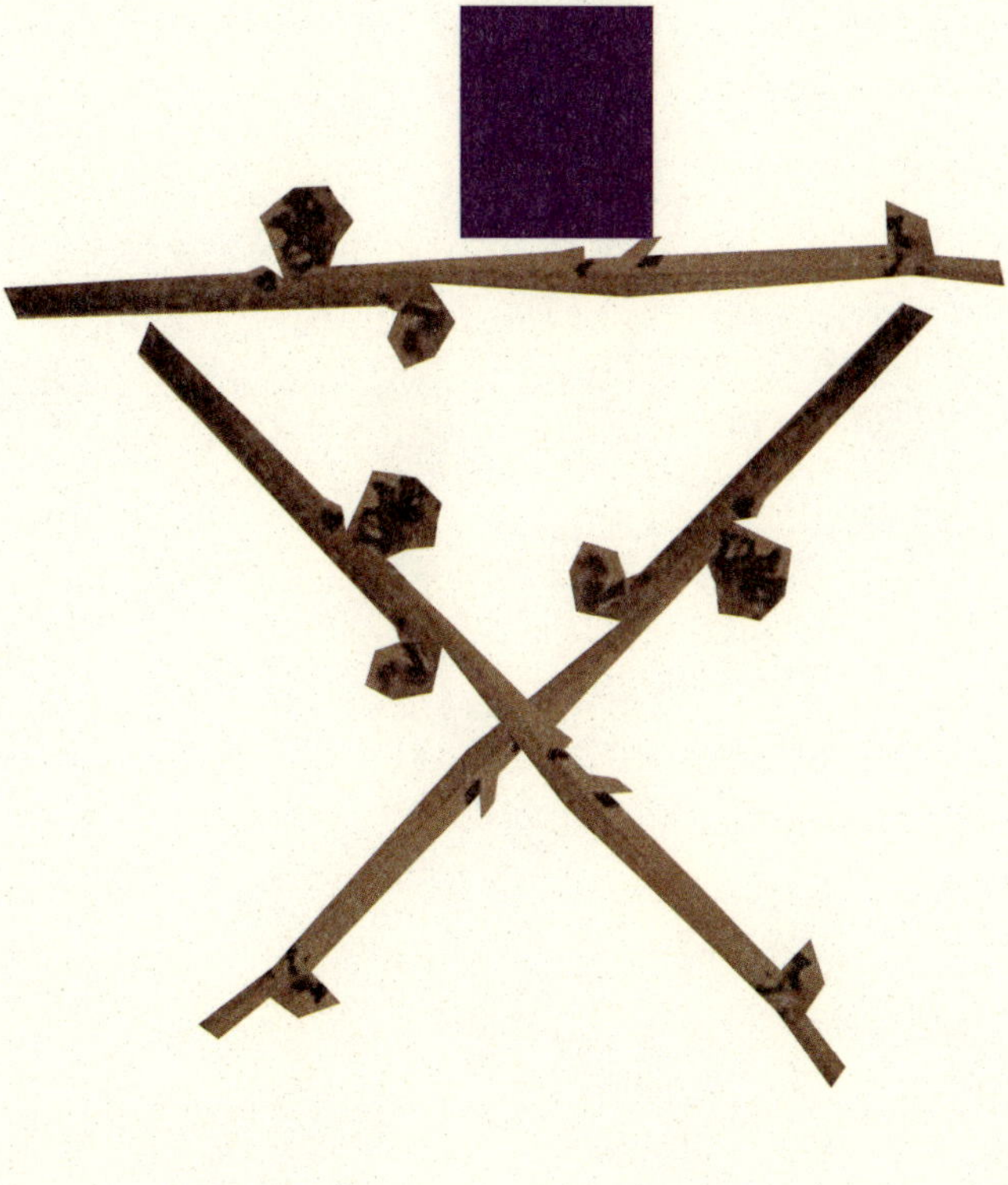

風に戦いで

桂文枝

ヨシモトブックス

"Kaze ni Soyoide" Bunshi Katsura

Book designed by Akira Sasaki

First published 2018 in Japan by Yoshimoto Books.

5-18-21 Shinjuku, Shinjuku-ku, Tokyo 160-0022 Japan

風に戦いで

桂文枝

ヨシモトブックス

はじめに

落語家になって今年で52年になる。来し方を振り返ってみると、落語界を変えたい、次代に残る落語をつくりたいなどと偉そうなことを言って創作落語をつくってきた。しかし、だからと言ってたいして褒められるようなことはしてないなぁ……という気がする。少しはお役に立ったかもしれないが。

考えてみると当然で、芸人一人の力で芸界を変えるのは不可能だし、創作落語が残るかどうかは後世の人たちが決めることなのだ。私はそれでいいと思っている。いやそう思うしかない。

自分では落語家として精いっぱい努力してきたつもりだが、その一方で落語に対してよりまじめに、真剣に取り組んでいた落語家を見てきた。そういう人たちに比べたら、自分はたいしたことないとつくづく思う。

そんな私がここまで来れたのはついていた、運がよかったと言うしかない。運、うん、そうに違いない。

これまで調子に乗って足元をすくわれたことも何度かあった。それでも何とか立ち直ってここまで来れたのは運がよかったし、奇跡だと思っている。

家族や所属する吉本興業や友人達の支えがあってこそ。だから、すべての人に感謝。このことはこれから書くことを読んでいただければきっとおわかりいただけると思う。

これまでの自分の人生と落語家としての歩みを書きたいと思ったのは、記憶が飛びかける年齢《とし》になってきたからだ。

近年「ええっ、師匠、覚えてないんですか⁉」とよく言われるけれど、あまり細かいことは覚えていないし、思い出せないことが年齢とともに増えてきた。でも、まだまだ覚えていることはあるし、忘れたくても忘れられないこともたくさんある。それを書いておきたい。それも自分の手で。

これから書くことはゴーストライターの手を借りてではなく、河村静也が、桂文枝本人が書いている。

落語家としての私は順風満帆に見えたかもしれない。しかし、苦しいこと、辛いことも多かった。

ただ、才能も実力も充分にありながら不遇だった芸人もおおぜい見てきた。そういう人たちに比べたら、私はとんとん拍子だったと言えるだろう。

それなら笑うしかない。〝自笑〟奇跡の落語家桂文枝。これまでの人生を笑い飛ばして書いてみようと思う。

もちろん書きたくても書けないことはいっぱいある。近年何でもあからさまに言ったり書いたりすることが正義といった風潮があるけれど、私にはできない。自分ではそんなにたいしたことではないと思うことでも相手が不快に感じたり、相手を傷つけることがあるからだ。だから、ここに書けなかったことは棺桶に入れてあの世へ持っていこうと思っている。

これまでの私の人生は、総じて言うと、日々とても楽しかった。

妻は私に「好きなことをしてきたやん」とよく言うが、たしかにこれまで好きなことをやってきた。ただ、そのぶん妻をはじめ周りの人たちに思い切り迷惑をかけたかもしれない。いや、多くの人たちに迷惑をかけてきた。しかも、その人たちに支えてもらって今の河村静也が、桂文枝がある。

だから、改めて感謝。心から感謝するしかない。

風に戦いで

装幀＝佐々木暁

1

母はじっと私の目をのぞき込みながら思い出そうとしているように見えた。きっとそうに違いない。

でも、思い出せないのかぷいっと横を向いた。そして、そのまま動かなかった。

長い間……。

平成29年の夏、母は96歳と6カ月。大阪・都島区にある某介護施設に入っていた。

それでも私は、横を向いている母に問いかけた。

「あなたの息子の名前は？」

問いかけるとこちらに向き直って、焦点の合わない目でじっと私を見ていた。何か必死に思い出そうと。私にはそう見えた。でも、問いかけへの返事はなく、しばらくすると疲れたのか、また横を向いて二度とこちらに顔を向けることはなかった。

父・河村清三は、私が生まれて11カ月後にこの世を去った。昭和19年6月15日没。大阪の陸軍病院で亡くなったとすこし前に初めて知った。NHKの『ファミリーヒストリー』という番組に出たときに。もちろん父が死んだことは母から聞いていたが、陸軍病院とは聞いていなかった。

母は私に、あまり父のことを語ろうとしなかった。何か気に入らぬことがあったに違いない。

父が死んでしばらくして父の実家とは疎遠になった。

「長男のおまえを取られると思ったし、向こうの親とはうまくいっていなかった」

かつて母はこう言ったが、私は母の言うことをすべて信用していたわけではなかった。

近年、父の兄の息子さん、すなわち私にとっていとこの奥さんからお手紙をいただいて河村家と交流が始まった。このことを母は知らない。もう認知症が進んでいたからだ。知ったら、おそらく嫌がっただろう。

河村家からいろいろ話を聞いた。母から聞いたこととまったく違うところも多かった。

母は小さな仏壇を持っていて、その中に父の位牌はあったが、そんなに熱心に拝んでいるところを見たことはなかった。だから、父のことはあまり聞かなかったが、銀行員だった父との新婚時代の写真は見たことがあった。

父は細身で丸い黒縁の眼鏡をかけていて、きまじめな人のように見えた。ほかの写真も見たけれど、笑っている写真は一枚もなかった。

なぜだろう？　あまり気の進まぬ結婚だったのだろうか……。母から見合い結婚だと聞いたことがある。

そして、父は戦病死して、母は一人息子の私を連れて河村家を出た。それからの母はまるでかごから解き放たれた鳥のように自由に生きた――ように今思える。だから、認知症になった母を見るにつけ、いい人生だったなぁとつくづく感じる。

戦後の混乱期、子供を抱えて闇市をさまよい、駅舎で寝て、食べ物を拾って食べて……。そんな人たちがおおぜいいた時代だったが、5人兄弟の末っ子だった母は、私を長兄に預けて好きなように生きた。私にはそう見えたし、それでよかったのだと思っている。

私を抱えて苦労に苦労を重ねて、その末に認知症になったとしたら悲しくて、やるせない人生だが、母は戦後の日本で女盛りというか、女性としていちばん輝いている時代を華やかに生きていたに違いない。

子供の頃は会えない母を恋しく思って恨んだこともあったが、今思えば楽しく生きてくれたことに感謝している。いい人生を送ってくれたんだと。


昭和18年7月16日、母は私を大阪府堺市の北野田で産んだ。

その頃父は陸軍にいて、内地での日々の訓練に疲れ果て、もともと持っていた持病の肺結核を悪化させたと聞いている。

私が生まれたのは母にとって叔父さんにあたる人の家で、当時は家で産むことは珍しいことではなかった。後年あるお産婆さんが、何百人と取り上げた赤ちゃんの中に私がいた、と話している新聞記事を読んだことがあったので間違いないと思う。

母の叔父は中西繁吉という人で、繁吉の母——私の母方の祖母は早世したが、祖母の兄と弟は独立独歩の人で事業や商売に励み、繁吉も、繁吉の兄の中西卯之助も戦前はすこぶる羽振りが良かったようだ。

両親を早く亡くした母は娘時代を叔父の繁吉の家で過ごした時期があったようだ。そして、叔父が病気で倒れたときに懸命に看病したことでいたく気に入られて、まるで叔父の娘のように大事にされて北野田の大きな屋敷で何不自由なく過ごしたようだった。

夫の訃報を受けた母がすぐに河村家を出たのは、戦火が激しさを増して大阪市内にいられなかったこともあったろうが、母には頼るところがあったからだと思う。

私は幼稚園に通うまで北野田で過ごした。

私の記憶では、叔父の家はやたら広くて、玄関を出て門の横の新聞受けまでずいぶん遠かったように思えた。また庭も広かった。

幼稚園まではそこそこ遠かったが、通ったのは今もある北野田の大美野幼稚園だった。

その頃の記憶を断片的に記すと「ひかりのくに」(当時の幼児向け絵本雑誌)という本を持って通ったこと。幼稚園の裏に山があったこと。遊戯で童謡の「どんぐりころころ」を歌ったこと。お昼の給食に出たニンジンを泣いて食べなかったこと。

叔母さん――繁吉の奥さんにおんぶしてもらって裏庭で栗拾いをして、拾った栗を七輪の上で焼いたこと。叔母さんが防空頭巾を簞笥《たんす》の中から取り出して見せてくれたこと。防空壕が暗くて怖かったこと。屋敷の下の畑で芋掘りをしたこと。屋敷の近くを汽車が警笛を鳴らして走ると見に行ったこと。三輪車に乗って長い坂を走ったこと……を今でも覚えている。

私にとって北野田は緑に囲まれて、屋敷の裏を清流が流れ、幼稚園に通う道端には赤い花が色鮮やかに咲いていて、まるで夢のような世界だった。

つまり私は戦後の食糧難も、大阪の焼け野原も、ごった返す闇市もまったく知らない――戦後の、毎日生きるのに必死だった世界とは無縁なところで育ったのだ。

しかし、こうした安穏とした生活がある日一変することになった。幼い私は何もわからず、ただ母についていくだけだった。

2

幼稚園を退園したのは突然だった。記憶にはないが、私は、幼稚園へ行きたいと泣きじゃくったに違いない。

北野田の大きな屋敷から落ち着いた先は大阪市大正区だった。ここは大阪でゼロメートル地帯と言われるほどの低地で、淀川の土砂がたまってできたのが大阪港に面した港区であり、大正区だった。しかも、私たちが移り住んだ大正区新千歳町は大阪のへき地。今と違って、大阪市内とは名ばかりの本当に辺鄙《へんぴ》なところで、人工的に作られた運河のような川沿いの小さな製材所の三畳一間が母と私の新しい住まいだった。

どうしてそんなところに住むようになったのか今もってまったくわからない。思うに、製材所を経営していた当時30代のS社長を繁吉叔父さんが知っていたのか、それとも叔父さんの知り合いの紹介だったのか……。このあたりは定かではないが、思い当たるのは叔父さんの一人息子が戦地から戻って、結婚して屋敷の敷地内に離れ座敷を作って住むようになった。それからしばらくして叔父さんが亡くなり、一人息子が家の主《あるじ》になったことで、母は中西家にいづらくなったのではないだろうか。

当時、私は5～6歳だったから何もわからず、山に囲まれた静謐《せいひつ》なところから急に川や貯木池、そして、積まれたり、立てかけられた木材や木片、円鋸と帯鋸のうなる音の中で生活することになった。

その頃の大正区新千歳町には街灯の類はなくて夜は真っ暗になった。

製材所の夜は怖い。立てかけられた木材が何かの拍子で崩れたり、倒れてくるかわからないし、そこら中に釘が落ちていた。

母の仕事は従業員のまかないと事務だったが、製材所に移り住んでしばらくは、母が仕事を終えて戻ってくるまで三畳一間の部屋に一人でいた。外に出ると危険がいっぱいだし、母の仕事の邪魔になると思っていた。

でも、部屋にいてもすることはないし、近所に公園もない。同じ年ごろの子供もいない。それに、社長のSは怖かった。今でもギョロっとした目を鮮明に覚えているし、声を聞くのも嫌だった。ときどきおもちゃを買ってくれたり、本も買ってくれたけれど、Sのことはどうしても好きになれず、製材所にいるのが嫌で嫌で仕方なかった。

母とSがどういう関係だったのか子供の私にはわからなかったが、今思うと、きっといい仲になっていたのだろう。従業員の手前、母は私と三畳一間に住んでいたが、母はほとんどSの仕事を手伝っているような感じだった。

私の相手をしてくれたのは、製材所で働く若い兄ちゃんたちだった。誰かは忘れたが何人か親しい人がいた。その兄ちゃんたちに遊んでもらったり、いろいろ教えてもらったと思うが、本を読んでもらったりした記憶はない。

昭和25年4月、私は大阪市立北恩加島小学校に入学した。

製材所から小学校まで市電の駅でゆうに二駅はあった。子供の足では遠かったし、近所に子供がいなかったから登下校はいつも一人だった。学校に行くのはたいへんだったが、同じ年齢の子供たちに会えるのは嬉しかった。

貯木池をはさんで、母と私が住む製材所の向かいに「八木のおっちゃん」と呼んでいた母の長兄・八木美光一《ひこいち》の家があり、その西側が市電新千歳町駅の停留所だった。

そのあたりには何人か友達がいた。その一人が「たーくん」で、彼は少し知的障害だったが、彼とはすごく仲良しだった。

私はというと、何も勉強していなかったので、小学1年生になっても自分の名前を書けなかった。今でも覚えているが「かわむらしずや」と書けなかったのだ。

それを、ずいぶん先生に怒られて、恥ずかしかったことをよく覚えているが、書きたくても誰も教えてくれなかった。

母も仕事に追われて教える時間がなかったのか、あるいは、教育に熱心でなかったのか定かではないが、母はその後も勉強のことは、あまりというよりほとんど何も言わなかった。宿題や予習、復習についても何も言わなかった。母自身、勉強が嫌いだったかどうか確かめたことはないが、ひとつ言えることは、母が熱心に読書しているところを見たことがなかった。

ただ、母が烈火のごとく怒るときがあった。食事のときだった。とりわけ箸の持ち方にはうるさかった。

「ちゃんと持ちなさい。それと、くちゃくちゃいわさないで。おまえは、いつか天皇陛下様の前で食事をするときが来るかもしれんのやから」

この言葉はよく覚えている。母は何かというと天皇陛下のお名前を出した。

なぜだかよくわからないが、そんな時の母はとても怖かった。

小学校に通うようになってからは楽しいことがいっぱいあった。

家の近所は製材所ばかりで民家はほとんどなかったので、遊び相手はいなかった。だから、学校に行って友達に会うのがすごく嬉しかったし、楽しかった。

みんなとはすぐに仲良くなれたが、学校が終わるとまた一人遠いところまで歩いて帰るのがつらかった。

学校からの帰り道が少しでも楽しくなるように毎日道を変えた。こういうところからもいろんなことにチャレンジする、試してみるという精神が芽生えたのかもしれない。

あるときは川沿いの堤防の上を歩いて帰った。大きくなって堤防に行ったことがあったが、昔歩いた堤防の上の部分はとても狭くて、怖くて歩けなかった。まだ小さかったから歩くだけでなく走ったりもできたと思うし、よくぞまあ川に落ちなかったものだとほっとしたことを覚えている。

川は楽しかった。行き交う船や川向こうの工場から吐き出される煙はずっと見ていても飽きなかった。煙突から出た煙は雲と交わって、いろいろな形になって鉛色の空に消えていった。

雨の日は子供心に川沿いは危ないと思ったのか、市電の走っている裏側の道を帰った。道沿いにはお寺や電気屋、風呂屋などが軒を連ねていた。

登校時は主に市電が通る道を歩いた。それも、本数が少なくめったに来ない市電だったから線路の上を堂々と歩いて登校した。

線路といえば、下校時に線路の上に釘を置いた。市電が通ったあと熱く、平べったくなった釘を拾い上げるのが楽しみだった。しかし、何度目かに運転手に見つかり、追いかけられて必死に路地裏に逃げ込んだ。それから釘置きはやめることにした。

学校にいちばん近い北恩加島の停留所の前に芝居小屋があった。ときおりそこに寄るのも楽しみの一つだった。もちろん入場料を払うお金など持っていなかったが、うまく入る手立てがあった。それは一つの芝居が変わると次の一座の子供が入学してきて同じクラスになることがあったのだ。私は、借りてきた猫のようにしている役者の子供に積極的に話しかけて友達になった。そして、学校の帰りに友達を訪ねて芝居を見せてもらった。

芝居はどれもおもしろかった。ときどき同級生の友達が子役で出てくることがあって、そのときは一生懸命拍手をした。

後年芝居や舞台に興味を持ったのも、これが原因かもしれない。

芝居を見た翌日は、役者の子供も入れて授業の合間に教室で芝居をした。クラスのみんなの前でコンパスを刀替わりにして勢いよく机に叩きつけて、先生にこっぴどく叱られたこともあった。それでも学校帰りに芝居小屋に寄ることをやめなかった。

一座は公演が終わるとトラックに山のように荷物を積んで次の公演先に移動する。このときは本当に寂しくて、悲しくて、暮れなずむ空の下しばらくトラックを追いかけた。

役者の子供はトラックの窓から身を乗り出して「かわむらく〜ん、また会おうぜ〜」と芝居気たっぷりに言ってくれた。そんな日は泣きながらとぼとぼと家に帰った。

話は前後するが、小学校1年生の秋に「これ、小林町のK病院に入院している兄ちゃんに届けといで」と母から風呂敷に包んだものを渡された。弁当だった。

製材所では円鋸や帯鋸で指を飛ばすなどしてしょっちゅうけが人が出た。当時は病院で食事が出なかったのか、それとも若い従業員だから病院の食事だけでは足りなかったのかわからないが、母は私に弁当を持っていくように言った。

K病院まで子供の足で市電一停留所分、昔は市電が走っていたがその頃には線路だけだった。歩きごたえがあったが製材所にいるのが嫌だったので風呂敷に包んだ弁当を持って、市電の走っていない線路道をぶらぶら歩いて病院に向かった。

病院は市電が走る道沿いにあって、怪我をした兄ちゃんは2階の道沿いの部屋に入院していた。名前も顔も忘れたが、たぶん私をかわいがってくれた人だと思う。

そこで忘れられないことが起きた。それは部屋で兄ちゃんとしばらく遊んでいると襲ってきた。窓に激しく雨が当たりだしたのだ。大型の台風だった。

兄ちゃんは「これは、えらい雨や。帰られへんなぁ」みたいなことを言ったと思う。私は半べそをかきながら兄ちゃんのベッドの上でどんどん激しくなる風雨を見ていた。風雨は、やがてものすごい暴風雨になって大阪市内、とくに土地の低かった大正区、港区に甚大な被害をもたらした。

昭和25年9月3日、私はジェーン台風の洗礼を受けたのだ。

兄ちゃんはベッドを部屋の隅に寄せた。暴風雨の直撃を受けて窓ガラスが割れ、雨と風が吹き込みだしたからだ。そして、毛布で私をくるむと今度はベッドを盾にして嵐が過ぎ去るのを待つことにした。

私はといえば恐怖の中で母に会えないのがいちばん寂しかった。今のように携帯電話もないので母と連絡の取りようがないし、気象情報もないから何が起こったのかわからず不安で不安で仕方なかった。もちろん大きな台風だとわかっていたが、大阪に歴史的な被害をもたらす台風だとは知りようもなかった。

台風一過と言うが、翌日は青空がどこまでも広がり、紺碧の空だったことをよく覚えている。そして、一面が湖のようになった街の光景も今なお忘れることができない。道路は水没し、あちこちの家が流され、製材所から流れ出た無数の木材がぷかぷかと青空を映した湖面に浮いていた。そんな光景に驚いた以上に私はおなかが減っていた。

「あれ、あそこ見てみ」

兄ちゃんが指さす方向を見ると——この話はほとんどの人が信じないだろうけれ

ど、頭に風呂敷包みを括り付けた兄ちゃんが、ときどき流木につかまりながら抜き手を切ってこちらに泳いできているのが見えた。

二人に弁当を届けてくれたのだ。風呂敷包みの中には母の手紙も入っていた。

水が引くまで、たぶん1週間はかかったと思う。その間弁当は毎日届いた。

水が引いた頃に、私は母のもとに帰ることができた。久しぶりの親子再会に母も、私も泣いたと思う。

「よかったなぁ、よかった、よかった」

と、みなが喜んでくれたが、私は社長のSの甲高い声が嫌だった。

嫌で嫌で仕方なかった製材所だったが、思いがけない出来事で離れる日がやってきた。それも命からがらそこを出ることになるのだから、人生とは本当にわからないものだ。

3

昭和26年12月4日の夕方5時半頃、住んでいた製材所の前の合板会社E産業から火の手が上がった。「火事や！」という声に驚いて表に出るとE産業から左側にある貯木池に向かって火が噴き出ていた。

それまで火事は何度か見たことがあった。大正区では年に一、二度材木屋で火事が起きていた。材木屋には鉋屑《かんな》がいっぱい散らかっているから何かの拍子で火が付きやすい。また、いったん火が付くと燃える材料、すなわち木材が大量にあるから手を付けられないくらい燃えて、夜空を焦がす紅蓮の炎と化した。

しかし、その日の火事はそれまで見た炎とは明らかに違っていた。

「おっちゃんのところに逃げ！」

後ろから母の叫ぶ声がした。貯木池をはさんで、住んでいた製材所の向かい側にある母の長兄の家に逃げろということだった。

そのとき私は小学校2年生になっていたが足は遅いほうだった。いつも学校へ行くときに通るE産業の右手側の細い道を抜けておっちゃんの家に行こうとしたが、行く手にはすでに火の手が回ってときどき炎が噴き出していた。

子供の足では到底走り抜けられないと思った。実際頬が焼けるほど熱かったのを今でもはっきり覚えている。

母はたぶん何かを持ち出そうとしていたのだろう。なぜ私の手を引いて逃げなかったのだろうと思うが、余裕がなかったのかもしれない。

炎は港からの風に乗って瞬く間に広がっていった。私は猛烈な火の勢いの前に立ちすくんでいたに違いない。次の瞬間、私は突然誰かに抱えあげられた。

私を抱えあげた誰かが材木工場の中を川に向かって走り抜けた。そして、私は川に浮かぶ筏《いかだ》に降ろされた。

「静也！」

岸から母が、どうしておっちゃんのところに逃げなかったのかと叫んだが、どう答えたかわからないし、覚えていない。気が付けば筏から製材所の西隣にあった造船工場の船に乗せられて、火事現場を離れようとしていた。

夜空を焦がす火の粉が美しいと子供心に思った。火柱は時折天まで届くほどの勢いだった。川向こうの材木工場の屋根にはたくさんの人がいた。延焼を防ぐため建物に水をかける人や、不思議なことに赤い布を振る人もいた。

あとで聞くと延焼を防ぐまじないだった。こちらにはもう火が回っていますと火事に知らせるためのもの。いやはや、世の中にはすごいまじないがあったものだ。

翌日12月5日の新聞に「大阪材木街に猛炎狂う」と大きく報じられた大火災によって、私はやっと嫌だった製材所から解き放たれた。

その後、母と私は、母の兄弟の家を転々とした。きっと焼け出された母と私をどうするか母と兄弟の間で何度か家族会議が開かれたに違いない。

その結果、母と私はおっちゃんの家で暮らすことになった。しばらくして母は梅田の料理旅館で働きだした。かつて母の叔父中西繁吉が関係していた旅館だった。

おっちゃんは厳しい人だった。まだそんなに年を取っていないのにすでに頭は禿げあがっていた。どんな仕事をしているのか詳しいことは知らなかったが、あとになって石鹼工場の守衛のような仕事をしていると聞いたことがあった。

おっちゃんはちょっと変わった人でもあった。堅物で、とてもまじめだった。仕事から帰るとほとんどしゃべることなく、玄関わきの部屋でずっとラジオを聞いていた。それも受験講座や英会話の番組で、新聞に入ってくるチラシの裏にいつも何やら書いていた。だから、物知りで英語もできた。実際に話しているところを見たことはなかったが、アメリカ人と文通していたのだ。

おっちゃんの家は本当に粗末だった。いわゆるバラックで、戦前はもっといい家に住んでいたようだが戦後はずっとバラック住まいだった。

おっちゃんの奥さんは色黒で細身の人で、バラックには奥さんのお母さんも同居していた。もう一人、私より1歳年下の女の子もいた。この子はおっちゃんと奥さんの子供ではなく、おっちゃんの弟の子供だった。わけあって小さいときに引き取って育てることになったようだが、実の娘のようにとてもかわいがっていた。

おっちゃんは厄介者の私に対しても嫌味一つ言わず優しく接してくれた。もちろん悪いことをすれば厳しく怒られたが、そうでないときは優しくて、寝るときは私と一緒に寝てくれた。

おっちゃんの家は冬はとても寒かった。壁はなく、板を柱に打ち付けたような家だったから隙間から寒風が情け容赦なく吹き込んできた。おっちゃんは「静也、背中を合わせ」と言って背中を合わせ、シャツの中に読んでいた英字新聞を入れてくれた。「こうしていると温かいねん」。たしかに温かくはなったが動くたびにかさこそ音がした。

おっちゃんは本を読んでいると何も言わなかった。子供の頃から読書に興味を持ったのはおっちゃんのおかげである。

それにしても何があったか知らないが、おっちゃんの家は赤貧の極みだった。まず、壁がないうえに台所がなかった。水道は1本引いていたが、かまどなどはなく石油缶の上に鍋を置いて薪で炊いていた。幸い周りは材木屋ばかりだったから木切れには不自由しなかった。トイレはというと、とても不衛生だった。戦後6年ほどたっていたけれど、まだそこまで手が回らなかったのかトイレの下は貯木池だった。不衛生極まりない話だが、どこからも何も言われなかった。

そんな何もない貧乏生活の中で、私のたった一つの楽しみはラジオだった。おっちゃんが帰ってくるまでの間ラジオを聞くことができた。好きだった番組はNHKラジオの新諸国物語『笛吹童子』。子供だったのに作・北村寿夫、音楽・福田蘭堂の名前は今でも覚えているほどだ。

今思うとラジオが私を育ててくれて、落語家へ導いてくれたのかもしれない。ラジオは想像力をかきたてる、イメージの世界だったから実に楽しかった。これは落語も同じである。ただ、その頃の私は落語という芸の存在すら知らなかった。

働きに出た母は月曜から金曜日まで料理旅館に住み込みで働いて、土曜日になるた。

と新千歳の家に帰ってきた。当時の私にとってこれがもう一つの大きな楽しみだった。

中崎町の料理旅館で働いていた母が市電に乗って新千歳まで帰るには1時間はゆうにかかる。途中で大阪駅で乗り換えるか、川口町で乗り換えるか、とにかくそこそこ時間がかかった。土曜の夜になると私は母の帰りが待ち遠しかった。

でも、今思えば母はどうして私と一緒に住もうとしなかったのだろうか。中崎町には料理旅館に歩いて通えるアパートがたくさんあったと思う。そこの一室を借りて、なぜ私と住もうとしなかったのか。

当時母は30代の前半で、梅田は大阪でいちばん刺激的な歓楽街だった。そんな梅田とは対照的に新千歳は大阪一のへき地で寂しいところだった。女としてまだ遊びたい年頃の女性には、子供がいなかったら近寄りたくもない場所だったに違いない。

母が帰って来た夜は母と一緒に寝たが、お化粧のにおい、ときにはお酒のにおいもしてすごく嫌だった。母が遠くにいる感じがしたのだと思う。

母は私を家に置いてもらうため、おっちゃんにいくらかお金を渡していたのだろうか。おっちゃんはお金を要求するような人ではないから渡していたなら母からだろう。だから母に何も言わなかったのか。それとも、言っても母が聞かなかったのか……。

たぶん、おっちゃんなら、私の知らないところで「静也と一緒に住んでやれ」と言ってくれたと思う。おっちゃんはそういう人だった。おそらく末っ子の母は長兄に甘えていたのだろう。

私が小学校4年生になると母は、夏休みや冬休みのような長い休みのときは私を母の姉に預けるようになった。私は「原のおばちゃん」と呼んでいたが、おばちゃんの家は近鉄八尾駅から歩いて15分ほどのところにあった。家は平屋の長屋の端で横は田んぼだった。

おばちゃんには3人の子供がいて、私より一つ下の女の子と上に男の子が2人。下のお兄ちゃんは航二郎といって私とよく遊んでくれた。おばちゃんは働き者で、近所の人の縫物をしていて1日中ミシンを踏んでいた。

5年生の八尾での夏休み。少し年長の子供に誘われてついていったことがあった。なにせ河内弁だから「行こけ」と言われると大阪育ちの私には断れなかった。

自転車の後ろに乗せてもらって行った先は近鉄線の恩智と言われる場所に広がるぶどう畑だった。兄貴分のような兄ちゃんは私に「見張っとれよ」と言うと、ぶどう畑にするりと入って、棚からぶどうを10房ほど取ってきた。正確には盗んできた。そして、兄ちゃんは私にぶどうを渡して「早よ、シャツでくるんで持っとけ」と言うと、また私を後ろに乗せて自転車を走らせた。途中で兄ちゃんは川の水でぶどうを洗って「ほれ、食え」と渡してくれたが、私はぶどうの味より、ぶどうの果汁で汚れたシャツが気になっていた。紫色に広がった染みは洗っても取れず、案の定、原のおばちゃんにこっぴどく叱られた。おばちゃんが怒ったのは、シャツを汚したことよりぶどうを盗んだことに対してだった。

原のおばちゃんのところに預けられて嬉しいこともたくさんあった。いちばんの思い出は小学校5年生のときの冬休み。おばちゃんの旦那さんが当時大阪城の西側にあったNHK大阪の第一スタジオに連れていってくれたのだ。

そこで行われていたのはラジオドラマ『お父さんはお人好し』の公開録音だった。それは、私がラジオで聞いていた世界とは全然違うものだった。

たとえば、玄関の扉を開けて花菱アチャコさん演じるお父さんが帰ってくる。その場面をラジオで聞いて、私は、お父さんが実際に玄関の扉をガラガラっと開けて帰ってくると想像していた。しかし、実際には下手側に陣取った効果音係が小型の玄関の扉を持ってガラガラと開けたり、閉めたりしていた。

ラジオではアチャコさんのおもしろさに聞き入って笑い転げていた私だが、スタジオでは効果音係の一挙一動に目が釘付けになった。このときのことが忘れられなくて、後年効果音係を主人公にした創作落語をつくった。「効果音の効果は効果的だったかどうか」という噺《はなし》だった（昭和58年3月作）。

これは放送局に入りたての若い効果音係の男が、アパートの隣人に自分はステーキを食べていると思わせるために濡れぞうきんにアイロンを当てて肉を焼く音を出すという噺で、この落語をつくるために効果音係の人に会って話を聞いた。小鳥の羽ばたきはハンカチをパタパタさせる。鷲のような大きな鳥の場合は番傘を上から持ってバサバサと広げて音を出すなどいろいろ教えてもらった。イメージを創り出す話は聞いていてとてもおもしろかった。

ただ、今はもうほとんどの放送局に効果音係はいない。本物の音を収録して、本物以外の音は出さないようになってしまったからだ。イメージの世界のほうがよりそれらしく聞こえて楽しかったのに……。

世の中が進むと味気なくなる。その一つが効果音かもしれない。

4

楽しい学校も行くのが嫌な日があった。運動会の日だった。

母は日頃の母親業の遅れを取り戻そうと思ったのだろう。ここぞとばかりに目いっぱいおしゃれをして、たいそうなごちそうをお重に詰めて、仕事仲間の人と2、3人でござを敷いて運動場に陣取った。大正区は大阪の下町の、そのまた下町と言っていいような地味で貧しい町だったから、母の派手な格好は極めて目立った。また、母はほかのお母さんたちより若かったから余計目立ったのだ。

正直、運動会の日は学校を休みたかった。父兄たちがこそこそ母の噂をしているのも耳に入ってきた。「河村君とこのおばちゃんきれい」。同級生の女の子たちは母のことを褒めてくれたが、とても嫌だった。

それに、飛び抜けて運動神経がよくて、徒競走でさっそうとトップでテープを切るのならまだしも私は運動音痴もいいところで、とにかく足が遅かった。自分ではわからなかったが走り方もバタバタしていて変だったようだ。だから、徒競走はいつもビリだった。

私は運動神経の悪さも、足が遅いのもすべて母の責任だと思っていた。

小さいころから「静也、危ないで」が母の口癖だった。好奇心旺盛な私は何かあると走り出そうとした。そのつど「静也、危ないで、走ったらあかん」と母に止められた。階段を上がるときも、下りるときもそうだった。

徒競走ではビリもビリ、それも大きく引き離されてビリっけつの私が、お昼になると母が用意した、明らかに友達より豪華な弁当を食べるのが嫌だった。

運動会も嫌だったが、体操の時間はもっと嫌だった。跳び箱は見るだけで吐き気がした。運動が苦手なのは大学まで続いた。

ただ私は、いまだに泳げないが、なぜだか卓球だけは好きで、弟子たちにも負けない自信はある。

小学校6年生になったばかりの頃事件が起きた。

いつもは土曜日に帰ってくる母が帰ってこなかったのだ。今のように携帯電話はないし、それどころかおっちゃんの家には固定電話もなかった。小学校3年生の頃に新千歳町の停留所が移転して、市電が橋を渡ってこなくなってからは家の周りは寂れる一方で公衆電話もなかった。

母が帰らなかった夜は一睡もできなかった。心配で心配で捨てられたのかと思った。

おっちゃんとおばちゃんはいたが、私は義務教育を終えてないから働きに出るわけにいかない。母に捨てられ一人になったらどうしよう、どうやって生きていこうという思いだった。いくら何かあったとしても帰れないのなら電報を打つことだってできるし、誰か使いをよこすこともできるのにと母を恨んだ。

その夜私は布団の中で泣いた。そして、そっと家を抜け出すと神様に頼んだ。貯木池の前で夜空に向かって頼み込んだ。でも、時間が過ぎていくだけで何も変わらなかった。

そしてあくる日。私は早くに起きると黙って家を出て市電の線路伝いに歩き出した。まだ小学校6年生の子供にとって、大正区の端から梅田の一駅先とはいえ中崎町まではかなりの距離だった。

しかも、これまで何度か母と一緒に市電に乗って梅田界隈に行ったことがあったが、どうやって行ったのかはっきり覚えていなかった。ただ、都島車庫前行きの市電に乗ったことだけは覚えていた。

そこで、まず新千歳町から川口町まで歩くことにした。子供の足ではかなりの距離だったが、その日は晴れていたのが幸いだった。川口町で右に曲がるのだが間違ったら迷子になってしまう。迷子にならないよう大阪駅前か、都島車庫前行きの市電が来るまで辛抱強く待って、市電の行く方向に向かって歩いた。川口町から肥後橋、そこを左に曲がって大阪駅へと向かう。遠かったし、朝ごはんを食べていないのでおなかがペコペコだった。でも、一銭も持っていなかったから仕方がなかった。空腹に耐えて、母に会うためにひたすら歩くしかなかった。歩いて歩いて、また歩いて。

そうこうするうちにやっと大阪駅にたどり着いた。そこは新千歳町とは天と地ほど違う雑踏で、大阪駅前からいくつもの市電が放射線状に出ていた。行先を間違えないよう慎重に慎重に都島車庫前行きの市電が来るのを待った。そして、やっと来た都島車庫前行きの市電の行先をじっと見て歩き出した。しばらくすると見覚えのある中崎町商店街が右手に見えてきた。

今は寂れて映画館もなくなってしまったが、当時商店街には映画館が2館あった。雪村いづみさんの映画を見たことがあった。それに片岡千恵蔵さんの映画も見た。このときは正月ということもあって映画館は超満員で、母は私を舞台に座らせた。そこから大きなスクリーンに映る片岡千恵蔵さん扮する金田一耕助を斜めから見たのを覚えている。

母とご飯を食べに行ったこともあった。このときはハンバーグとか、オムライスとかおっちゃんの家では食べたことのないごちそうを食べさせてくれた。そのあと必ずおなかを壊した。食べ慣れないものを食べたので胃と腸がびっくりしたのだろう。

母が働く料理旅館は中崎町商店街のすぐそばにあった。母がいなければどうしよう。また歩いて長い道のりを帰らなければならない。それを考えると一刻の猶予もないと思って玄関を開けた。出てきた女将《おかみ》さんは私を見てあぜんとした。

「し、静也ちゃん、お母さんおらへんで。お母さん、きのう熱出してな、どうしても帰られへんかって。けさ、まだ熱があるけど帰らんとあかん言うて帰っていったがな。あんた、電車に乗って一人で来たん？」

「いや、歩いて」

「歩いてきたん？　あんな遠いところから、お母さんに会いたくて歩いてきたんかいな……」

女将さんは泣き出した。そして、その日は虫かごとか、虫取り網とかいろいろおみやげを買ってもらって、店の若い衆に市電で送ってもらった。

新千歳の家に戻ると、みなに「どれだけ心配してたか」と言われてこっぴどく叱られた。母は「あほ！」と言って私の頬をぴしゃりと叩いた。

送ってくれた若い衆がとりなしてくれてその場は収まったが、私はどうにも納得がいかなかった。いつも泣き虫の私は泣かずに、口を真一文字に結んで母をにらみつけていた。

5

今考えてみても、あの日母が帰らなかったのは本当に病気だったのかどうか疑わしい。当時母は33か34歳だったから、女としてはいちばん華やかな年頃で、しかも、母は当時としては背もすらりと高いほうだったし、私が言うのもなんだが美人だった。

でも、認知症になった母にあの日のことを質すことはできない。仮に誰かと泊りがけで旅行していたとしても、短い女性の華やかなときを楽しく過ごしたわけだから責めることはできないし、よかったと思っている。今となっては母を許すしかない。

その後、私が小学校6年生の夏頃に母は本当に病気になって入院した。私は入院がとても嬉しかった。毎日、いつでも母に会うことができたからだ。

入院したのは、上本町1丁目にあった大きな病院だった。母の病室はいわゆる大部屋で、患者さんは母を入れて8人いた。

どんな病気だったか今となっては確かめようがないが、勤めていた料理旅館の玄関で突然倒れたようだ。

夏休みになった頃だったので、毎日のように病院に行った。母も退屈だったからか喜んでくれたし、ほかの患者さんたちも喜んでくれた。

日曜日には患者さんたちがラジオを聞いていた。西条凡児さんの『凡児のお脈拝見』という番組だったと思う。ミヤコ蝶々さんの番組も聞いたことがあった。

凡児さんは、日常にある平凡なことをおもしろおかしく話して、私も子供ながらにおもしろいなぁと感じていた。派手さはないけれど知性あふれる口調だった。ちょっと辛口なところもあったが、うまくさらりとまとめていた。

私が大学生の頃、凡児さんは『素人名人会』という大阪では有名な素人参加番組の司会で人気があり、出場者へのいじりが最高におもしろかった。また、審査員――特に大久保玲さんとのやり取りは定評だった。

後年西条凡児さんやミヤコ蝶々さんとはいろいろな縁が生まれるのだが、それはまだまだ先の話で、小学生の頃は将来ラジオから声が流れてくる人と一緒に仕事をすることになるとは夢にも思わなかった。もちろん大きくなったら芸人になろうとは露ほども思っていなかった。

正直に言うと、毎日のように病院に行ったのは長時間母と一緒にいられる喜びもさることながら、付録がいくつも付いた漫画雑誌を買ってもらえるからだった。でも、そうした雑誌は本好きのおっちゃんの家には持って帰れなかった。

手塚治虫さんの漫画に初めて触れたのもこの頃だった。誰にも言わなかったが、この頃は将来漫画家になりたいと思っていた。手塚治虫さんの作品以外にも「赤胴鈴之助」や「イガグリくん」など漫画に夢中だった。

秋口になって母は退院したが、もう料理旅館には戻らなかった。きっと何かあったに違いない。そして、母は大正区の小林町にあったうどん屋に勤めだした。この女主人Tさんとはずいぶん前から親しかったようだし、Tさんのお兄さんか、弟さんが材木商をやっていたから、それもあってうどん屋勤めを始めたのかもしれない。

その年の冬近くになって、私の人生が大きく変わることが起きた。

どこから、どう降ってわいたのかまったくわからなかったが、母に縁談が持ち上がったのだ。あえて推察すれば、話を持ってきたのはうどん屋のTさんではないかと思うが……。

おっちゃんは反対したようだけど、八尾のおばちゃんの旦那さんは賛成したみたいだった。勘ぐれば、母が結婚すれば、私を預からずに済むと思ったのかもしれない。

おっちゃんは私のことをとても心配してくれたし、親戚中が母の再婚のことで意見が分かれた。

相手の男性がいくつかはわからなかったが、母よりかなり年上だったと思う。頭は禿げあがって眼鏡をかけた背の低い男だった。今思えば60歳近かったかもしれない。ひょっとして越えていたのかもしれない。

私は猛烈に反対した。激しく「嫌だ！」と抵抗した。いろいろ取りなされたけれど聞く耳を持たなかった。しかし、最終的に「河村」の姓を変えないことを条件にねじ伏せられた。それまでの人生で最も哀しい出来事だった。

母の勤めるうどん屋の裏は運河で、材木を並べた筏がたくさん浮かんでいた。そこから水中に飛び込みたい気持ちだった。筏の間にはまるともう浮かび上がれないと聞いていたからだ。でも、やはり死ぬのは怖くて飛び込むことはできなかった。

嫌で嫌で仕方がなかったが母は再婚した。いや、籍は入れていないので愛人と言うべきかもしれない。

母は、母一人子一人の生活に疲れたのかもしれない。周りからは「静也君の将来のことを考えて、お母さんは一緒になることを選んだんやで。あんたが大きくなるにつれてお金もいるし、高校だって行くのにお金がかかるから」と言われて、私は泣いた。まるで母が犠牲者であるかのように言われたが、私はどうにもこうにも納得がいかなかった。


男は港区弁天町に小さな2階建てのアパートを持っていた。アパートは上下4部屋あって、1階の、道路に面した2部屋が母と私の部屋だった。そこへは小学校を卒業する直前に引っ越した。中学校から港区の市岡中学に通えるようにという配慮だったかもしれない。

母がその男を好きだったとはとても思えないように感じた。私は男の顔を見るのも嫌だった。そんな私に母は急に優しくなった。私も母と毎日いられることで嫌なことを忘れようと努力したのかもしれない。でも、毎日が苦痛だった。

アパートは、左側は小さな鉄工所、右側は小さな木材店にはさまれて建っていた。

アパートの前は地上げが始まったところで、常に港からすくいあげられた土砂が海水と一緒に流れ込んでいた。半月ほどして水が干上がると、また土砂と海水が流れ込んで、やがて地面はアパートと同じ高さになった。

そんな土地だから土砂が乾いて風が吹くと砂が舞った。そして、まるで砂丘のようにアパートの前に風紋を作った。だからか一帯は市岡砂漠と呼ばれていた。でも、そこで野球をやったりして遊び場には困らなかった。

昭和31年4月、私はアパートから歩いて10分もかからないところにあった大阪市立市岡中学校に入学した。

一緒に暮らす男は長い木のきれっぱしを集めて船に乗せ、淡路島の瓦屋に卸す仕事をしていた。家にいるときは、なぜか鳥かごを作っていた。

男と顔を合わせたくない私は、アパートの住人たちと仲良くするようにしていた。いちおう大家の子供ということで、みな私を大事にしてくれて、かわいがってくれた。

当時は日本が戦後の混乱期から立ち直ろうとしていた昭和30年代の初めだったから、アパートに住んでいる人たちはまだまだみんな貧しかった。

こうした住人たちのさまざまな人間模様を目の当たりにしたことが、後年創作落語をつくるうえでプラスになった。嫌で仕方がなかった境遇で体験したことがプラスになるなんて皮肉なことだ。

母と私が暮らす1階の隣の部屋には女性が住んでいた。年齢は30代後半、たぶん40歳に近かったと思う。彼女の部屋には時折中年の男が訪ねてきた。だから、彼女は二号さんのような感じだったと思う。小さなアパートに囲うくらいだから男はたいして金持ちではなかったかもしれない。

彼女は男が来ないときは私を部屋に呼んでくれて、夏には冷たいものを飲ませてくれた。

彼女の部屋には冷蔵庫があって、毎日氷屋が冷蔵庫のいちばん上の冷凍庫みたいなところに氷を入れていった。

2階に住んでいたのは母と娘の親子だったが、母親は「松島で働いている」と誰かが教えてくれた。中学生の私には松島と言われてもどういうところかわからなかったが、当時まだあった男性相手の赤線で働く女性だった。ほかには大工さん夫婦、独り暮らしの男、独身の姉妹が住んでいたが、いちばん仲良くしてくれたのは1階の、いちばん奥の部屋に住んでいた2歳ほど年上の兄ちゃんだった。

彼の家族は、いわゆる在日だった。その頃の私には在日と言われても状況がよく呑み込めなかったが、頭のいい、よく本を読んでいる兄ちゃんで、引っ越していってからも葉書をよくもらった。そこには詩が書いてあることが多かった。

母は仲良くするのをあまり好まなかったけれど、私は学校から帰ると、兄ちゃんとよく遊びに行った。

あるとき炊事場の横のプロパンガスの焜炉《こんろ》の上で鍋の蓋がカタカタ踊っていた。何だろうと蓋のつまみを取って腰を抜かしそうになった。鍋いっぱいに豚の頭が丸ごと入っていたのだ。

「それ、うまいんやで！」

いつの間にか後ろに兄ちゃんがいて、鳥肌が立つくらい驚いたことがあった。その後も兄ちゃんにはたびたび驚かされた。

兄ちゃんはもうこの世にいないので書くけれど、あるとき、なぜか兄ちゃんと兄ちゃんの友達が喧嘩になった。激高した兄ちゃんは棒切れのようなもので相手の頭を殴り、血が噴き出したのであわてて兄ちゃんに手を引かれて逃げたことがあった。

でも、普段の兄ちゃんは心の優しい文学青年だった。そんな兄ちゃんも現実の世の中は生きにくかったのかもしれない。

それから15年ぐらいして兄ちゃんが旧なんば花月の楽屋に、私を訪ねてきたことがあった。見ると兄ちゃんの、スーツから出た腕には入れ墨が入っていた。次に神戸で会ったときには、兄ちゃんの左手の小指の先がなかった。

その後兄ちゃんがどうなったのかわからなかった。そして、何年か後に亡くなったことを風の便りで知った。

このアパートには私が結婚する前年まで住んでいたから、16年間港区弁天町に住んだことになる。

弁天町にいた頃を知っている芸人仲間は、当時の私は貧しかったと言うが、その前はもっと貧しかった。だから、私にとって弁天町での生活はまだましだった。

世の中が落ち着き、景気が次第によくなっていくとアパートの住人は次々に出ていき、次の入り手がいないまま私は空き部屋に住むことになった。2階の奥の部屋だったが嬉しかった。同居している男の顔を見なくて済むようになったからだ。

しかし、それもつかの間。私が中学校3年生のときに男は癌になり、しばらくして亡くなった。一生男の顔を見なくて済むようになったのだ。

その頃にはアパートの住人は全員いなくなった。高校生になった頃に道路側に新たに玄関を作って、母と私の、ぼろアパートでの二人きりの生活が始まった。

6

家の前の地上げは高校生になった頃にほぼ終わって、砂漠のような広場も整地されて道路になろうとしていた。また、環状線が通るようになり弁天町の駅ができた。

昭和34年4月、私は砂漠の先の、港に近いところに移転したばかりの大阪市立市岡商業高校に入学した。そして、私が高校に通い始めて間もなく母はまた働きだした。こんどはどこかの建設現場の食堂のまかないだった。

母がどうやって仕事を見つけてきたのかわからなかったが、まだ30代後半の母はまるで水を得た魚のように仕事場に通うようになった。

自慢するわけではないが、母はとても料理が上手だった。値の張る料理ではなかったが常に工夫があった。そして、食材の味を生かしていたように思う。イワシのつみれや牛の腎臓——大阪ではホルモンのマメというところをうまくいためて肉の代用品として出してくれたりした。レパートリーにはバナナのフライもあった。

安い食材でおいしいものを作れたのは、料理旅館に勤めていた頃、見よう見まねで身に付けたのかもしれないし、ひょっとして板前の彼氏がいたのかもしれない。このあたりも今となっては確かめようがないが、母はどんな料理を作らせても上手だったし、私の友達が遊びに来るとよく手料理をふるまってくれた。友達はみな、いつも異口同音に「うまい。おばちゃんの料理は最高や」と母の料理を褒めちぎった。

私が大学に入ってからは、地方出身の後輩たちが母の料理目当てによく泊まりにきた。2年下でRという男がいたが、彼はほとんど私の家に入り浸っていた。

高校では嫌なことばかりだった。

私がなぜ商業高校を選んだかというと、これまで母に対する思いはいろいろあったが、日々の生活や母の働く姿を見て、早く社会人になって金を稼いで、母親を楽にさせてやりたいと思ったからだ。そこで、商業高校を選んだらとんでもないことが待っていた。

まず、そろばんの授業だった。家にそろばんなどなかったし、金を計算するほど金持ちではなかったから、私にとってそろばんは無縁のものだった。

でも、授業は容赦なかった。なかでも昼休み前のそろばんの読み上げは最悪だった。

先生が「あげては……」と数字を読み上げると、みんなはそろばんをパチパチ入れて、できた者から教室を出ていった。最後に残るのは常に私だった。これではいけないと思って、母に頼んで近所のそろばん教室に通うことにした。月謝が必要なことに母は渋ったが、最終的に仕方がないと言ってお金を出してくれた。

教室に行ってみて驚いた。周りは小学生ばかりで高校生は私一人だった。当時そろばん教室の時間には人気絶頂だった大村崑さんのテレビ番組があった。見たくて仕方なかったので、そろばん教室はすぐにやめてしまった。

商業高校で珠算と簿記の3級を持っていなかったのは同学年で私だけだった。母親を楽にさせてやりたいという入学当初の思いとは裏腹に、授業になじめず、ついていけなかった。

それでも毎日学校に通えたのは演劇部に入って、そこで生涯の友になる岩佐朋二君に出会ったからだ。

彼はむちゃくちゃおもしろい男で、鼻筋の通った、今で言うイケメンだった。今は頭が禿げてしまって昔の面影はなく、格好良くはないけれど、私は彼と出会っていなければ高校を中退していたかもしれない。

彼の家にもよく遊びに行った。家は福島区の中央卸売市場のすぐそばで、その頃彼のお父さんは魚の卸業をしていた。しっかり儲けていたのか岩佐君の家はとても立派だった。一方私は、母一人子一人の貧乏暮らしで家賃の収入はなくなっていたので、母が稼いだお金の中から何とか高校の学費を払っていた。

岩佐君は私をお笑いの世界へと導いてくれた大恩人だった。

「河村、漫才やらへんか？　君が台本書いてぇな。君やったらおもろいの書けると思うわ。素人番組に出たら金になるがな」

岩佐君は、貧乏な私を見かねて話を持ち掛けたのかもしれない。でも、彼は演劇部の先輩の漫才を見ていたのだ。

先輩のNさんは同じ演劇部の同級生とコンビを組んで、朝日放送をはじめラジオの素人参加番組に出ていた。そして、その後プロになって、横山やすしさんとコンビを組むようになった。やすしさんが西川きよしさんとコンビを組む前の話だ。

私も何度かNさんの漫才を聞いたことがあったが上手だった。見事だった。でも、私には何となく大人っぽくてプロのまね事のように思えた。

もっと高校生らしい噺でええのと違うかなぁ。漠然とそう思った私は、高校生らしいネタで台本を書くことにした。

これまでに創作落語を280本ほど作ってきたが、お笑いの台本の始まりは漫才だった。

はっきり覚えていないが、最初に書いたのはこんな漫才だったと思う。

「君、もうすぐ冬やで」

「わかってるよ、それぐらい。夏の次は冬や。冬に備えてもうパッチはいてるがな」

「早いがな。英語で冬は何と言うかわかるな?」

「英語は得意や。おじさんに米屋がいるから」

「そら、米穀（米国）店や。英語で冬は？」

「ポインターや」

「何を⁉」

「ウインカーやったかな？」

岩佐君と私の漫才は、学校の授業などをネタにしたからよく受けた。Nさんが卒業すると学校の中はわれわれの天下になった。そして、二人で肥後橋にあった朝日放送へ『漫才教室』のオーディションを受けに行った。見事に予選を通過して、それから岩佐君は漫才に夢中になった。高校を卒業したら家の魚卸業を継ぐことになっていたから、勉強なんかどうでもよかったのだ。

二人は演劇にも夢中になった。3年生になると私は演劇部の部長になって、公演の前などは部員たちと学校に泊まり込んでセット作りなどに没頭した。

母はあらかじめ決めておいた時間と場所に、おにぎりをたくさん作って持ってきてくれた。だから、母の評判はすこぶるよかった。母は人生において、何をどうすれば人に好かれるか感知する天才だったかもしれない。

演劇部では主役もやったし演出もやった。そして、ひたすら漫才の台本も書いた。

Nさんがプロになったのを見て、岩佐君は鼻の穴を膨らませながら「わしらもプロになれるんと違うかな？」と言ったが、私にはそんなのんきなことは許されなかった。

「売れたらええけど、だいいち君は家の魚の卸を手伝わないかんのやろ？」

「まあな。けど、中央市場は朝が早くて、昼ぐらいには仕事が終わるからな」

岩佐君はどこまでものんきな男だった。そして、いい加減で明るい男だった。そんな岩佐君に好きな女性ができた。某女子高の演劇部の生徒だった。たしかに美人で、大人っぽかった。成長した女性を、たまたまセーラー服でくるんでいるような娘だった。

ところが、どうしたことか岩佐君は彼女にひと言も告白できずに振られてしまった。ひと言も発することができないくらい好きだったのだろうか……。今でも岩佐君に会うと、最後は彼女の話題になる。

私はといえば、当時はすごいにニキビづらであまりモテなかったし、そもそも異性に対してそれほど興味がなかった。

岩佐君と出会って、お互いの家を行き来して漫才の練習に没頭するあまり、また、授業になじめなかったことも相まって学校の成績はどんどん悪くなっていった。就職の時期になって、みながどんどん就職先を決めていくのに私には思うような就職先がなかった。とくに希望する企業や仕事はなかったが、少なくとも私のような成績の生徒には、父が通っていた立派な銀行や一流の企業は無理だった。就職担当の先生から勧められたのは中小企業の、どれも名前を聞いたことない会社ばかりで、いちおう会社を見学に行ったけれど試験は受けなかった。

そして、ついに母が学校に呼ばれた。学校から帰った母はひと言「どうするの?」と聞いただけだった。それ以上何も言わなかった。母には、これまで子供に寂しい思いをさせた、つらい目に遭わせたという負い目があったのかもしれない。声を荒げて怒るようなことはなかった。

「どうするの?」と聞かれて私は黙っていた。言いたいことはあるけれど黙っていたというのではなく、正直そのときの私は、この先どうしていいかわからなかったのだ。

勉強が嫌いではなく、ＩＱも低くはないと自分では思っていた。言い訳がましくなるが、なにせ商業高校と合わなかった。そして、岩佐君や演劇部と馬が合ってしまった。これはもちろん岩佐君や演劇部の責任ではなく、あくまでも私個人の問題だが。

こうして私は就職試験を受けるでもなく、進路が決まらないまま高校を卒業した。

7

卒業するといやおうなく浪人生活が始まった。そんな私に、母は何も言わず仕事に出かけて行った。浪人生活を始めてしばらくして、何もしないわけにはいかないので港区の郵便局でアルバイトをすることにした。そして、予備校に通いだした。久しぶりに勉強しようという気持ちになって大学を目指そうと思ったのだ。心の底に、このままではいかんという思いがあったに違いない。

岩佐君は家業の魚の卸——主にかまぼこのもとになる魚専門の卸を手伝っていた。暇な彼はギターを習いだし、それを聞かせようとわが家にやって来て勉強の邪魔をした。

この頃私は岩佐君に誘われて松島遊郭に行って、ついに「男」になった。岩佐君は自分も初めてなのに、私の相手に「こいつ、初めてやから頼むわ」と偉そうに言った。しかし、終わったあと彼は、自分はうまくいかんかったとさんざんぼやいていた。

嫌々で始めた勉強は楽しかった。夜はラジオの大学受験講座を、後年ラジオの深夜番組に出ることになるとは夢にも思わず聞いていた。西区にある図書館にもよく通った。大学受験の時や合格したら必要になるであろうお金を見込んでバイト代をせっせと貯金した。ありがたいことに岩佐君はときどき漫才の仕事を持ってきてくれた。

「水仲祭《すいなかさい》言うてな、中央市場の魚市関係の団体の祭があるねん、御堂会館で。そこで漫才やってくれ言われてな。ギャラも出るからやろうや」

このときはけっこうなギャラをいただいたし、ときどき大阪の大きな劇場にも出演した。

「ほいで、どこの大学を受けるねんな？」

吹く風が冷たくなり、よりによって受験勉強が追い込みに入った時期に漫才の仕事を持ってきた岩佐君が、仕事の帰りに入った喫茶店で心配そうに聞いてきた。

「そやなぁ……実は、まだ決めてへんねん」

「えっ、まだ⁉　大丈夫かいな？」

大丈夫でないのはわかっていた。でも、実は関西にどういう大学があるのかよく知らなかったのだ。それに、自分の実力もわからなかったし、漠然と千里山にある関西大学がいちばん近いかなと思って受けたら受かってしまった。


昭和38年4月、私は関西大学商学部に入学した。

母は入学金の一部を出してくれた。まだ若かった母は、やれやれ、これで落ち着いて仕事ができると思ったのか愚痴一つ言わなかった。ただひと言、「これからは自分で何とかしいや」みたいなことは言ったように記憶している。

合格から大学生活が始まるまで間があったので、バイトでもしようと思って職業安定所に行って仕事を見つけた。南船場にあったかばん屋だった。これが縁で毎年春休みにはここでバイトをするようになり、船場の雰囲気をおおいに味わうことになった。

当時の船場は落語に出てくるような昔の暮らしではなかったが、それでも昔の番頭はんと丁稚どんがいた世界を彷彿させるものがあり、ここでの経験は後年落語家になってからとても役に立った。

私が勤めたKかばん屋は1階に店と、その奥に狭い板の間とトイレがあり、お昼は板の間で食べた。2階は店主夫婦の寝室と居間で、娘が2人いて、店主の奥さんは後妻だった。3階にはかばん職人がいて主にランドセルを作っていた。問屋だけど個人の客にも売っていたのだ。店にはランドセル以外にもサラリーマンが持つようなかばんもたくさん置いてあった。

私は演劇部で、漫才もやっていたから客との応対はお手のもので、店主にいっぺんに気に入られ、奥さんからも毎年来てくれるように言われた。

店主はいかにも職人という感じで、小柄で神経質そうな感じだった。一方奥さんは鷹揚で、面倒見が良くて従業員にコーヒーを取ってくれたりした。

とにかく大学も決まっていたし、気楽で楽しい毎日だった。職人さんのいる3階に行くのも楽しみの一つだった。

奥さんに「河村さん、3階へ行って赤いランドセル一つ降ろしてきて」と言われると、黒光りのする、日当たりが悪い階段を上がって3階へ行った。若い職人はいつも私が来るのを待っていた。というより、待ちわびていた。彼は話し相手がほしかったのだ。

「この間奈良へ行ったんよ」

「奈良ですか？」

「そう。行ったことある？」

「遠足で行きましたかね」

「やっぱりいいね、ことは」

「こと？」

「古い都やがな」

「ああ、古い都の古都ね」

「一歩足を踏み外すと――」

それを言うなら「踏み入れるやがな」と突っ込みたかったけれど「赤いランドセル一つお願いします」と言って階段を降りた。その背中にいつも「また上がっておいでや」と声がかかった。

今考えると、まさしく落語の世界だったが、私が落語に触れるにはもう1年待たないといけなかった。

8

大学生になって本当に良かった、高校を卒業してそのまま就職していたら、大学のキャンパスの空気を吸うことはできなかったとつくづく思った。授業もそれなりに楽しかった。でも、入学した当初は友達がいなくて、いつも独りだった。だから、授業と授業の間が空くとすることがなくて最悪だった。キャンパスには、今のように派手な女子大生もまったくいなかったし、すぐに退屈しはじめた。仕方がないので図書館に行って本を読んだ。

関西大学の図書館は充実していたけれど、小説などは誰かが借りている場合があって何冊か同時に読むことになった。

グラウンドでは学生たちがさまざまなスポーツをやっていたが、もともと運動とは無縁だった私はスポーツのクラブに入る気はなかったし、不思議なことにどこからも誘われなかった。おそらく、いかにもスポーツができなさそうに見えたのだろう。

「学園座」という演劇部に入ろうとも思ったが、出入りしている学生を見ると、何だか毎日理屈ばかりこねていそうな連中で、とても一緒にやっていく気にはなれなかった。みな神経質そうで、天然ハマチのような岩佐君タイプがいなかったのだ。だから、毎日を無為に過ごしていた。

そんなある日、偶然手にした1枚のチラシが私の運命というか、人生を変えた。今思えば、それは、私がそれまでやってきた絵を描くことや音楽、漫才、演芸などすべてのことがつながったような瞬間だった。

「桂米朝独演会　於特別講堂　12時から　主催国文学部」

当日何かの授業が入っていたら、今の落語家桂文枝は存在しなかったはずだ。何も授業がなかった。何という神からの贈り物。まさしく神は私の頭上に降りてきたのだ。

独演会に先立って国文学科のI先生の話があった。まず上方落語の簡単な説明。

それから「東京の各大学には落研（落語研究会）があるが、わが関西大学にはないので作りたい。きょう、もし落語を聞いて興味を持った者は一緒にやりましょう」というようなことを言われたと思う。

この日の米朝師匠の噺は「七度狐」と「稽古屋」だったと記憶している。衝撃的だった。そのひと言に尽きた。このとき米朝師匠は38歳。今考えても信じられない。

38歳であの落ち着きと落語の完成度。今の同い年の落語家で、師匠ほどのテクニックと知識を持っている人を、私は知らない。

それまで落語を見たり聞いたりしたことはあったが、どれも客に媚びていて、卑猥で、アクが強くて、笑わせようという力みが鼻についてあまり好きになれなかったし、関心もなかった。

しかし、米朝師匠の落語は違った。淡々と話しているのに、話の内容が聞く者に迫ってくる。

最初の噺「七度狐」は2人の旅人が夜、暗い山道をとぼとぼと歩いている。すると暗がりの中にぽっと灯りが見えてくる。

「おい」

「何や？」

「向こう見てみ」

「どこや？」

「この指の先」

「太い指やなぁ」

「指の先やがな」

「垢がたまってる」

「あほ！　この方角を見んかい」

「方角を？」

「向こうに明かりがチラチラと見えるやろ」

「どこや？」

「ほれ、向こうにチラチラと灯りが見えんかい？」

「灯りは見えたけど、おまえの言う、チラチラが見えん」

何とも言えないおかしみがじんわり伝わってきた。

次の噺は「稽古屋」だった。女性の日舞の師匠に気に入られようと男が稽古を始める。登場人物が人間的で、なおかつ継ぎはぎの笑いではなく、笑いがストーリーの中に自然に組み込まれているから、知らず知らずのうちに話に引き込まれていく。

これは昔聞いていたラジオの『笛吹童子』や。これや！　やりたいことにようやく出会えた、学生生活にやっと暁光がさしたという思いだった。

こうして東京でオリンピックが開催された昭和39年、私は落語に出会った。それも、衝撃的に。そしてそのとき、ぼんやりとではあったが「これを職業にするんや」という思いを持った。つまり、米朝師匠の落語を聞いたその日に、私は六代桂文枝への道を歩き出したのだった。

落語を聞いてすぐに入部を申し込んだ。そのときに出会えたのは落語だけではなかった。岩佐朋二君と同じように生涯の友になる友達も得ることができた。

米朝師匠の落語を聞いた数日後、文学部3階の端の、屋上に続く物置部屋のような部屋が関西大学落語研究会の部室になった。創立時のメンバーは私を入れて10名ほどだったが、みな文学部で古典文学を研究しているような学生ばかりで、お笑いを経験した者は私以外誰もいなかった。

クラブの名前は「落語大学」だと聞いて驚いた。でも、大学の中にもう一つ落語大学があるのは、大学に喧嘩を売っているようでおもろい名前やなぁと思った。

国文科のI先生が決めた初代部長、いや、初代学長は林省之介という学生だった。色白で、丸刈りで、やたら鼻を触る癖があって物腰の低い丁寧なしゃべり方をする、まるで船場の商人のような男だった。

彼は部員を前にして、自己紹介をして「よろしくお願いします」と深々と頭を下げた。

後年私は吉本興業株式会社にお世話になることになるが、当時の社長が創業者吉本せいの実弟林正之助さんだった。今改めて思うと読み方も同じで、名前の字も一字違いでびっくりするが、当時は林省之介と聞いても、たいそうな名前やなと思っただけだった。

林君は就任初日から落語の講義をはじめたので、いきなり彼とぶつかった。

「僕は米朝師匠の落語を聞いて感動したんや。落語の歴史とかはどうでもええから、落語そのものをやりたいんや」

「でも、河村君、落語は簡単なようで難しい芸やで。学生にできるかなぁ」

「もちろん簡単な芸なんてない。見よう見まねでやっているうちに落語がどんなもんかわかるんと違うかなぁ。学生が学生らしい解釈で落語やったらええがな。理屈ばかりこねてても楽しないやろ？」

林君も簡単には引き下がらなかった。後に自民党の国会議員にまでなった男である。

「いやぁ、そないに簡単に人前で笑いを取るてなこと……。学生の本分は勉強することやから」

「落語を実践するのも立派な勉強と違うか。社会に出てから、机上の学問だけより経験のほうが役に立つと思うで」

私も譲らず言うと、

「先生に相談してみるわ」

と林君は憮然として部室を出ていった。

実際私も、落語をどう演じたらいいのかという基本のところもわかっていなかったので、あとは林君に任せるしかなかった。

それから数日して、I先生から「茶室を借りられた。そこへ桂文紅《ぶんこう》というプロの落語家を呼んで基本だけでも教えてもらうから」と言われて、私はその日まで図書館で落語に関する本を読みあさったり、実際に落語を鑑賞したりした。これがきっかけで、私は千日前の自安寺で行われていた若手の落語会に足を運ぶようになった。

そして、私の提案で落語を研究する林君の班と、私のように実技をする班に部内を分けようということになって、私は初代の実技学部長に就任した。

このことに林君はひと言も反対しなかった。彼も実は落語をやってみたいという衝動にかられていたのだ。しかし、落語を研究するあまり落語は難しいものだと決めつけていたようだったのだ。

そこで、簡単な落語を演じてみようということになった。演じるのはもちろん私だった。

林君は、偉そうなこと言うてできるのかいな……みたいな顔をしていたが、文学部の小さな教室を確保してくれて、そこに粗末ながら落語の舞台を作ってくれた。そのうえ客になる学生も集めてくれた。

私が演じたのは「犬の目」だったと思う。

今思うと顔から火が出るような、聞くに堪えない下手な落語だったに違いないが、林君は学生たちの笑い声にびっくりしていた。

「何や自分、すごいがな。落語やってたんか？」

「いや、落語は初めてや。今まで漫才をやってきたけど、落語のほうが奥が深くてずっとおもしろいわ」

次の年、関西大学落語大学に新入生が入ってきた。二代目学長になった私は、自分は高校時代からラジオに出ていたこと。大学に入ってからはテレビの『素人名人会』に出演したこと。そこでは落語ではなく漫談をやり名人賞をもらったことなどを新入生に話してインパクトを与えた。

私は大学では高座名「浪漫亭ちっく」を名乗っていたが、この名前は徐々にキャンパスに広まっていった。


母は相変わらず何も言わなかった。毎日大学に通っているから、今度こそ熱心に勉強していると思っていたのかもしれない。

たしかに毎日阪急電車に乗って大学に行っていたが授業に出ることはまれで、ほとんど毎日落語大学の部室に入り浸って、熱心に落語の勉強に取り組んでいた。

大学時代には南船場のかばん屋のほかにもいろいろなところでアルバイトをした。なかでもいちばん楽しいバイトは屋上ビヤガーデンのウエイターだった。落語大学の仲間と一緒にやれたし、夏は屋上の涼しい風にあたりながら、右手で中ジョッキを六つも七つも持って、左手にはおつまみの皿を持ちながら客の間をすり抜けていくのがこのうえなく快感だった。

そして、何よりステージから流れてくるハワイアンを聞くのが好きだった。演奏はアマチュアのバンドだったと思うが、ハワイアンが好きになったのも、石原裕次郎さんが好きになったのもビアガーデンでのバイトに起因している。

石原裕次郎さんの「俺はお前に弱いんだ」はバンドの持ち歌だった。司会は少々鼻についたが、それでも進行の仕方やときどき替え歌で歌うのはいろいろとのちの勉強になった。

バンドの演奏が始まると聞き入って働かなくなるので、よく現場のマネージャーから怒られた。でも、あまり気にせず働くふりをしながら聞いていた。

あるときテーブルのお客さんから「から揚げ二つ」と注文があってお金を渡され

た。私はエレベーター脇の食券売り場でから揚げ二つ分の食券を買うと、客にお釣りを渡し「少々お待ちください」と言って裏側に回った。そこにはビール、あての乾きもの、フランクフルトソーセージ、から揚げなどの窓口というか売り場があった。そこに並んで、カウンターに置かれた大きな缶の中にチケットを放り込みながら「から揚げ二つ」と叫ぶと「あいよ」と出てくる仕組みになっていた。

ところが、そのとき私は「から揚げ二つ」と叫んだが、なぜかチケットを放り込むのを忘れた。でも、「あいよ」とから揚げは出てきたので、それをそのまま客のところへ持って行った。

そして、バンドの演奏が終わり、静かになったところで一緒にバイトをしていた落語大学の5人を集めて、から揚げのチケットを見せた。「おおっ!」。H君がチケットを持って裏側にから揚げを取りに行った。そして、そっと現場を抜け出して階段の踊り場で、みなでから揚げを食べた。そのときのから揚げはめちゃくちゃおいしかった。

しかし、好事魔多し。一度に5人いなくなったのをいぶかしがったマネージャーに探されて不幸にも見つかってしまった。

「お、お客さんが残したのでもったいないと思って……」

H君はとっさに言ったが、次の日からもうハワイアンは聞けなくなった。

9

ここで、どうしても触れておきたいことがある。

大学時代の私は、落語をやる一方で軽音楽部に頼まれてあちらこちらでバンドの司会をしていた。当時堂島ホテルの向かいにあった毎日ホールで司会をしたこともあった。

このときの私を見て、私に会いたいという女子高生がいた。そして、彼女は私と同じ関西大学に入学した。入学式の当日、新入生勧誘のため大学に向かっていた私は、阪急電車の中で偶然彼女に会ったのだ。入学後彼女は落語大学の隣に部室がある広告研究会に入って、私は彼女と付き合うようになった。

背が高くて、目が優しくて、字が上手な娘だった。上手な字で当時はやっていた、私が大好きだった加山雄三さんの歌の歌詞をノートに書いて渡してくれたりもした。

彼女とは毎日のように大学で会った。もちろん大学以外でも会っていろいろな話をした。

それから先のことはどうしても書けない。どうしても……。

ただ、私の芸を初めて認めてくれて、理解し、プロになることを勧めてくれた人がいたおかげでプロになれた。そして、今の私がある。彼女には今でも本当に感謝している。

落語大学の後輩たちに、プロの落語家になることを打ち明けたのは大学4年生の秋口だった。

みんな喜んでくれた。そして、異口同音に「ちっくさんなら絶対売れるわ」と言って大学前通りの食堂で送別会を開いてくれた。しかし、私には、そんな甘いもんやないということは重々わかっていた。

その頃上方の落語家はまだ20人ほどだったが、仕事が豊富にあったわけではない。厳しい世界であることは百も承知だったが、身を投じてみると厳しさは想像していた以上だった。のちのち厳しい状況に陥ったとき、つらいと思ったときにはいつも後輩たちが開いてくれた送別会を思い出した。そして、頑張ろうと思った。

私は三代目桂小文枝——のちの五代目桂文枝師匠の弟子になろうと決めていた。当時師匠はまだ36歳。少々気難しいところはあったが、若いときに日舞をやっていただけあって立ち居振る舞いには色気があって、優雅で美しく、声に特徴のある師匠だった。

小文枝師匠の弟子になることは簡単でないことはわかっていた。また、弟子になっても何人かやめていたことも知っていた。若手の落語会に通ううちに師匠の情報がけっこう耳に入ってきたからだ。

師匠にアプローチするためにさっそく行動を起こした。まず最初に、以前デパートでアルバイトをしていたときに知り合った女性に会った。当時彼女は朝日放送でバイトをしていて、彼女から松竹芸能のKさんを紹介してもらった。

Kさんとはもちろん初対面だったが奇しくも大学の先輩で、親身になって私の話を聞いてくれた。そして、Kさんは、当時松竹芸能の制作部長で、のちにケーエープロという芸能プロダクションの社長になるFさんを紹介してくれた。

私は大胆にも吉本興業所属の小文枝師匠に近づくために、吉本とはライバル関係にあった松竹芸能に頼みに行ったのだった。

「落語家になりたいんか？」

厚いレンズの眼鏡をかけたＦさんは少しがっかりしたような様子で言った。

「はい」

「一人前になるには時間がかかるで。それより番組の前説でもやって、しゃべる勉強をしたほうが早いんと違うか」

「やっぱり何をするにしてもしっかり基礎を作っておきたいし、落語が好きなので」

「そうか。うちには六代目（笑福亭）松鶴と三代目（桂）春団治がおるけども」

「ありがたいんですが、私は小文枝師匠の弟子になりたいと思っています」

「小文枝？　うちと違うがな」

「それはわかっているんですが……」

この話は無理かなと思っていると、Ｆさんは、

「そうか。あの人やったら知ってるから紹介してやってもええで。あとは知らんけど」

と言ってくれた。

Fさんは、後年出された本の中で、私について「やせていて、ずいぶん暗い青年で『こら、売れるはずがない』と思ったので、とりあえずすぐに吉本にいた小文枝さんに紹介した」と書いている。

普段の私は子供の頃からはじけたところがなかったから、そう思われたのかもしれない。でも、私は昔から、芸人は舞台で明るく、楽しければいいのであって、普段はごくごく常識人でいたいと思っていた。

ありがたいことにFさんは、小文枝師匠の都合のいい日時を聞いてくれた。そして、私は師匠に会うために出演中のなんば花月に出向くことになった。

もう一つありがたかったのは、先代の桂春蝶師匠が市岡商業高校の2年先輩で、師匠の妹さんと私は高校で同じクラスだった。その縁で春蝶師匠はなんば花月の前まで私に同行してくださった。

その道すがら師匠は、

「河村君、頑張りや。今まだ噺家が少ないからなぁ。やめんとやってや。なんかあったら力になるから」

細い体のわりには力強い言葉だった。そして、劇場の前まで来ると、

「あんな、きみ。ここからは自分で扉を開き。なんかあったら連絡しておいでや」

いろいろな人が私の背中を押してくれた。だから頑張れたのだとつくづく思う。

小文枝師匠は出番を終えて、浴衣姿で劇場2階の稽古場でパイプ椅子に座っていた。

師匠へのアプローチは段取りを万端整えていたので、無事弟子に取ろうということになった。しかし、思わぬ難関が私を待ち受けていたのだ。

10

「ほんまはなぁ、大学まで行った人間がするような芸やないけど、やりたいんならしょうがない。けどなぁ、ご両親はどない言うてるのや？」

師匠が聞いた。私は緊張して口の中がカラカラだった。

「父はいなくて母だけです」

「兄弟は？」

「一人っ子です」

「母一人子一人かいな」

「そうです」

「この世界はなぁ、たいてい親の反対を押し切って入ってくるけど、簡単に売れる世界と違うねん。わかるか？　ほんまにお母さん賛成してくれてるのやな」

師匠は念を押して聞いてきた。

「は、まあ、いちおう……」

「いちおうって、頼りないなぁ。内弟子となるといきなり家に入ってくるのやから、どこのどんな人間かこっちもわかっておかんとな。親にも連絡できんかったら困るから、お母さんに会ってからの話や。それに、親の理解がないと、この世界でやるのはなかなか難しいからな。なんば花月の前に『スワン』いう喫茶店があるから、そこで会おうか。お母さんと来られる日を知らせておいで。1回目の出番が終わったあとなら会えるから」

そう言うと、師匠は席を立った。私は稽古場から出ていく師匠の姿を直立不動で見送った。

えらいことになった……。扇風機の音がやたらうるさかった。その一方で、私は正直母を連れ出して、落語家になるにはこの機会しかない、と思った。

母は46歳になっていた。まだ元気で働いていたが、私が大学を卒業して、正業に就いてくれたら少しは楽になり、自分の楽しみを持てると思っていたに違いない。

でも、私は米朝師匠の落語を見た瞬間から落語家になろうと決めていたし、大学を卒業しようにも、落語の勉強やバイトに明け暮れて単位はまったく足りていなかった。だから、必然的に卒業は見送るしかなかったのだ。


師匠にあらためて連絡して、母とスワンで待っていた。

私は、母にうそをついた。前の晩、

「お母ちゃん、あした、なんばに一緒にいってくれへんか?」

「そんな急に。仕事やがな」

「悪いけど休んでえな。実はな、今、就職試験受けて通りそうな会社があるねん。住宅会社でな、そこの人事部長さんが言うには、やっぱり片親いうのが引っかかるねんて。それで、親御さんにお会いしたい。片親でもちゃんとした家庭なら、会社としてはぜひ君を採用したいからと言われてな」

「ふーん……。それで、就職先の会社に行くの？」

「いや。部長さん、いろいろ外回りしていて忙しくてな。なんばの喫茶店がええ言うて。『スワン』ちゅう喫茶店やねん」

母はしばらく黙っていた。何やら考えているような様子だった。もしかしたら女性特有の勘で、私が何か企んでいるかもしれないと思ったのかもしれない。

私は、何が何でも母を連れ出して喫茶店に連れていかないと落語家への重い扉は開かないと思っていた。だから、あとは野となれ山となれで、母を連れ出すための、練りに練ったうそだった。

当日、母は久しぶりに着物を着た。私は何もそこまですることはないと思ったけれど、母の気持ちの中では、何とかして息子を就職させたいという執念の炎が激しく燃えているようだった。

喫茶店の自動ドアが開くたびに暗い店内に日が差し込んできた。そのたびに私は心の底まで射られるような感じがしてどきどきしていた。

師匠は約束の時間には来なかった。たぶん舞台が延びているのだろうと思った。

あるいは舞台の着物から洋服に着替えているのかもしれない、と。

約束の時間からしばらくして、ウィーンとドアの開く音がして、師匠が外光を遮って店に入ってきた。

「人事部長さんや」

と言って私が立ち上がると、母もはじかれるように立ち上がった。そして、目をぱちくりさせた。

人事部長さんは舞台を終えておっとり刀で駆けつけてくれたのか、手に羽織を持って着物姿のままだった。

長い沈黙があった。

師匠はいろいろ話をされたが、どんな話だったかほとんど覚えていない。母はお金の話——月謝のようなものはいりますか？　みたいなことを聞いたような気がする。そして、最後は「よろしくお願いします」と言って、深々と腰が折れんばかりにお辞儀をしてくれた。

その夜、私は寝付けなかった。次の日から住み込みの内弟子として師匠の家に行くことになった。

ふと隣の母の寝床を見ると、母は肩を震わせて泣いていた。

遠くから環状線が走る音が聞こえてきて、やがて遠ざかっていった。

11

師匠の家は地下鉄玉出駅から歩いて5分ほどのところにあった。住所は西成区だったが、私が住む弁天町よりも静かで、落ち着いた住宅街だった。地蔵さんの小さな祠《ほこら》があったりして、いかにも下町風の、庶民的な家々が軒を連ねていた。師匠の住まいは、ごくごく普通の2階建ての長屋の一軒だった。

私には玄関を入った靴脱ぎの真上の4畳半の部屋があてがわれた。それまで師匠が稽古部屋として使っていた部屋だった。

昭和41年12月1日、内弟子としての第一夜はとても寒かった。

横になって天井を見上げると蛍光灯の輪っかが目に入って、それが、だんだんとにじんで見えてきた。ようやく落語家になれたという嬉し涙だったのか、それとも……。

母と離れて暮らすのはおっちゃんの家以来だった。離れて暮らすのが寂しいような、母をだまして申し訳ないような複雑な気持ちだったが、自分が選んだ道だから仕方がないと割り切った。

翌日からは、私が体験したことがない、たいへんなことが待っていた。

師匠には3人の子供がいた。おっちゃんや八尾のおばちゃんの家にも子供はいたけれど、みな私より少し年下か、年上で、私は子供に接したことがなかった。

その私がいきなり6歳、3歳、1歳の男の子に囲まれたのだ。私は彼ら――それも、師匠の子供にどう接していいのか、子供たちをどう扱っていいのか皆目わからず面食らってしまった。

師匠の家には時折「おこいさん」というおばあさんがやってきた。彼女は師匠の子供たちには優しかったが、弟子にはとても厳しかった。それに芸のことにはやたら詳しかった。

それもそのはずで、彼女は五代目笑福亭松鶴師匠の後妻で、下座（落語家の出囃子を三味線で弾く人）もやっていたのだ。

おこいさんには着物のたたみ方をはじめ、いろいろなことを教えてもらったが、年齢のわりにはかくしゃくとしていて、一事が万事怖いものなしに見えて怖かった。もちろん今は、厳しく教え込んでもらったことを感謝しているが。

落語についてもときどき「あんた、やってみい」と言われた。当初彼女のことをよく知らなかった私は、なんで師匠ではなく、このおばあさんの前でやるんやと思ったが、至らぬ点を厳しく指摘してくれた。特に大阪弁のアクセントをよく直された。ただ、それ以上細かいことは「師匠が教える」と言って師匠の顔を立てていた。おこいさんはそういう人だった。

時折師匠から稽古をつけてもらった。私だけでなく師匠は、弟子にあまり稽古をつけない人で、しかも、稽古をつけるのはいつも突然だった。

「あかん。おまえのは素人口調や」

稽古のたびにそう言われた。でも、私にはどこがどう素人口調なのかさっぱりわからなかったし、師匠からも、素人口調とはどういうものなのか説明はなかった。私に確かめる勇気はなく、稽古のたびに「あかん。そんなんではお客さん笑わへんで」と言われ続けた。

学生時代から見よう見まねでやっていたのが、素人口調と言われる話し方になったのかもしれない。たしかに師匠のしゃべり口調は落語家然としたものだった。しかし、私には、そのまねはなかなかできなかった。

口調というのは落語家それぞれの持ち味というか、個性で、

「えー、何でございまして、あほが一人、表から飛び込んでまいりますと、えー、落語が始まるんでございましてな」

これが伝統的な落語家の口調だと言う人もいたけれど、私は、どうもその口調になじめなかった。そこで、普通にしゃべろうとすると、「あかん、あかん」と師匠に物差しでひざをぴしゃりと叩かれた。

どういう口調がプロの落語家のしゃべり方なのかさっぱりわからなかった。

大学時代の我流をダメ出しされて、直されているのはわかっていたが、では、どうすればいいのか。師匠と同じような声で、同じような間で、同じように一字一句まねをすればいいのかもわからなかった。頭の中が混乱していた。

師匠に最初に教わったのは「煮売屋」という落語だったが、どうにもこうにも前に進まず、師匠がいらついてくるのがわかるので余計に焦った。

「おい、せえやん、腹減ったな」

「何やて？」

「腹減ったなちゅうてんねん」

「あほやな、こいつは。腹が減ったなちゅう言い方をするな」

「せやけど腹減ったもん腹減った言わなしょうがないやないかい」

「そこはやな、大阪にはしゃれ言葉、粋《すい》言葉ちゅうのがあるやないけぇ。『らはが北山底でも入れようか』ちゅうなこと言うてみいな」

「どういうこっちゃねん？」

「大阪では晴れた日には北の山が透いて見えるやろ。そやから腹がすいたことは北山と言うんや。腹をひっくり返したら、らはやがな」

「なるほど。ほんなら粋言葉、しゃれ言葉いうたらひっくり返したらええんか？」

「そうや」

「ほんなら目は？」

「目は、めや」

「歯は？」

「歯は、はや。ひと文字がひっくり返るわけないやないか」

「ほんなら耳は？」

「ええ加減にしいや」


師匠の声は野太く、ねっとりしていて、いかにも昔の大阪人の趣があって上方落語の手本のように感じたが、私にはなかなか師匠のまねはできなかった。正直に言うと、なじめなかったのだ。

大学時代は、

「大阪の馬のお合うた男二人、お伊勢参りでもしようやないかと東へ東へ」（「東の旅」）

と我流でしゃべって、周りからは「うまいなぁ」と褒められて、有頂天になって落語界に身を投じた。それも、母をだまして。それなのに、まったくエンジンのかからない車に乗ったようになって、ちっとも前に進まなかった。


稽古は三度ほどで打ち切られた。たぶん師匠の勘気に触れたのかもしれない。また、自分の心の底に、もっとスマートにしゃべりたいという思いもあったのかもしれない。

内弟子に入って4カ月後の昭和42年4月、私は「東の旅」という噺に出てくる伊勢参りの道を実際に歩いてみようと思った。恐る恐るこの話を師匠にすると、即座に「おもろいやないか、やれ」と伊勢行きを許してくれた。

私は、当時の労働者のみなさんがストライキのときに、背中の布に「待遇改善」「賃金上げろ」などと書いたのにヒントを得て、

「上方落語の代表的な演目に『東の旅』があります。これは伊勢参りの道中のいろんな出来事を落語にしていますが、私は桂三枝という若い落語家で、実体験するために昔の街道を歩いております」

というようなことを書いて歩いていた。

「君は落語をやっているのか？」

奈良で優しそうな紳士に声をかけられた。

「そうです」

「おもしろいなあ。私はこういうものだよ」

名刺にはT大学の教授と書かれていた。教授であり、ある宗教の支部の偉い人でもあった。

「うちの分教が桜井市にあるけど寄らないか。泊めてあげるよ。その代わり、そこで一席やってくれないかなぁ。どんなネタでもいいから」

「はい、喜んで」

当時は師匠からまだ「煮売屋」しか習っていなかったが、喜んで引き受けた。学生時代には50ほど持ちネタがあったが、それはすべて捨てたというか、封印した。師匠から素人口調だと言われたし、プロの世界では、誰から譲り受けたとはっきり言えない噺は舞台にかけられないという不文律があったからだ。

私は枕をいっぱい振って「煮売屋」をやった。けっこう喜んでいただいて、教授は名張、松坂の分教を紹介してくれた。

渡りに船と喜んで泊めさせていただいたが、宗教のお勤めが朝の5時に始まって、それに付き合わされたのには閉口した。しかし、名張の分教では、そこのおばあさんがとても親切で、客をもてなすとはこういうことかと感心するくらい私をもてなしてくれた。そして、旅立ちの朝には餞別《せんべつ》までくださった。

歩いて伊勢まで行ったことは、のちに古典落語から創作落語に移ってからも人物描写をする際にとても役に立った。

幸い道には一度も迷わなかったけれど、ずいぶん遠回りしたことはあった。松坂に向かう途中で日が暮れて、道がわからなくなり、遊んでいる子供に「お伊勢さんどこ？」と聞くと自転車に乗って先導してくれた。ついていくのもたいへんだったが、着いた先は○○医院。子供は「お伊勢さん」を「お医者さん」と間違えていたようだった。

学生時代はいろいろなバンドの司会もした。このときはスマートにしゃべりながら司会をした。当時はそれでよかったのだが、上方落語の高座ではそうはいかなかった。

伊勢参りから約1カ月後の昭和42年5月31日、師匠から素人口調と叱られ、プロの落語家の口調がよくわからないまま、私は道頓堀角座で行われた落語会に出番をいただいた。

当時の寄席は10日刻みで上席《かみ》、中席《なか》、下席《しも》となっていて、1日余った31日は落語会に使われていた。角座は松竹の劇場だったが、私は駆け出しの身で、吉本にもどこにも所属していないということで出演できたのだ。

出番はもちろんトップで、当日のプログラムには、

「煮売屋」桂三枝

大挙して大学の後輩たちが見に来てくれた。

出囃子が鳴って出ていくとたいへんな声援で迎えられた。客席は超満員だった。応援に来てくれた後輩や知り合いの中に母もいたに違いない。

私の胸は張り裂けそうだった。でも、高校時代から大きな舞台に慣れていたし、自分に対する拍手や声援、爆笑にも慣れていた。だから、舞台に出ると自分でも不思議なくらい落ち着いた。

ところが、しゃべり始めると客席は水を打ったように静かになった。クスッという小さな笑い一つ聞こえてこなかった。

それでも私は師匠に教えられたとおり素人口調にならないように気をつけながら噺を続けた。どうして受けないのかと考える余裕もなく、私はまるで静寂のブラックホールの中で迷走しているような感じだった。

たぶん後輩たちは呆然として聞いていたに違いない。後日人づてに聞いた話では、「下手になったなぁ、ちっくさん」と言っていたそうだ。

しかし、水を打ったような演芸場に突然大爆笑が起きた。舞台に黒い猫が登場したのだ。

猫は客席の笑いにびっくりして、私の前に置かれた見台《けんだい》を飛び越えて、登場した下手（客席から見て左側）とは反対の上手へと消えていった。

客席のざわめきは収まらなかったが、私は何事もなかったかのように噺を続けた。内心早く終えたい、終わってくれと思いながら。

たった一度の大爆笑を黒い猫にさらわれて私は初高座を終えた。こんな終わり方を誰が予想しただろうか。おそらく師匠は予想できたに違いない。受けるはずがないと。

舞台を終えた私は悄然として楽屋に戻った。

何が何だかわからなかったが、厳しいプロの洗礼を受けたことは確かだった。私は失意のどん底の、そのまたどん底にいた。

着物をたたみながら母の顔が浮かんだ。

「人事部長に会ってくれへんか」。母をだまして入った落語界やったが、やっぱり、そない甘いところやなかったなぁ。だましてまで入る世界やったんかいなぁ。一生このまま終えるんやろか……。

時折客の爆笑が聞こえてきた。急に悲しくなって、たたんでいる着物の上に涙がぽとりと落ちた。慌ててそれを隠そうと着物をたたみ込んだ。

横に「おくらさん」というお茶子さんがそっと寄ってきた。

「お疲れさん。あんた、出世するで。間違いない。そやから頑張りや。何が何でも頑張らないかんで。初舞台でな、猫が歩いた芸人はみな出世するねん。かしまし娘さんも昔ここの舞台踏んだときに猫が通って、それからやがな、売れたんは。売れると信じてやんなはれや」

おくらさんはそう言うと舞台に登場した黒い猫を抱えあげて、その場を離れた。猫はおくらさんが飼っていた。楽屋にねずみが出て、芸人さんの衣装をかじられないように飼っていたようだが、客席があまりにも静かだったので、客がいないと思って舞台に出てきたのかもしれない。

私は少しだけ芸人になったことを後悔したが、神の啓示のようなお茶子さんの言葉に、出世するんやったらやったろか、という気持ちになった。

大惨敗に終わった初舞台だったが、今思えばあれでよかったと思っている。もし中途半端に笑いを取っていたら、今の私はなかったかもしれない。

師匠から素人口調と言われ続けた私は、とにかく師匠のまねをすればいい。そうすればプロの口調になれると思っていた。

でも、あの日を境に私には、素人口調云々よりも、まずはメリハリをつけてきっちりしゃべること。それから客をどう笑わせればいいか工夫すればいいという意識が芽生えてきた。

このことを私に教えたくて、師匠は素人口調と言い続けたのではないかという気がする。

「あんた、売れるわ」と言われてからわずか5カ月後に、お茶子さんの言葉が現実になるのだから人生はわからないものだ。

12

昭和42年10月、師匠から、

「ちょっと毎日放送まで行っといで」

と言われた。

毎日放送は関西大学がある千里山に近い千里丘にあった。しかし、私は千里丘のどのへんにあるのか、どう行けばいいのかもわからなかった。

なぜ私が毎日放送に行くことになったかというと、局ではスタジオに若者を集めて公開録音したものを深夜に若者向けの番組として流していた。10月の初めに始まったばかりだった。この番組に出演する若手の落語家がいないか？　ということで半年前まで学生だった私に白羽の矢が立ったという。

師匠から当時国鉄の千里丘駅まで行って、駅からバスが出ているからそれに乗ったらええと教えてもらった。そして、局に着いたら『歌え！ＭＢＳヤングタウン』という番組の渡邊一雄プロデューサーを訪ねるよう言われた。

局に着いたものの何をしゃべったらいいのかまったくわからなかったし、また、しゃべることもなかった。落語の枕も、まだあまり知らなかった。

スタジオに行くと10人ほどの若者がいた。若者といってもみな中高生だった。しかも、話すのは3分ほどだったから、落語のように口調がどうのではなかった。

そこで、ごく普通に大学時代に話していたことや、漫談で『素人名人会』に出たときにしゃべったようなこと、当時はやっていたマカロニウエスタンの映画の話などを手短に、スケッチ風に話した。それに、学生時代に使っていたキャッチフレーズ、

「一人ぼっちでいるときのあなたに　ロマンチックな灯りをともす　便所場の裸電球みたいな　桂三枝でーす」

も披露した。大学のときは、最後は「浪漫亭ちっくでーす」だったが。

5月の角座のときとは比べものにならないくらい客は少なかったが、角座のときとは比べものにならないほど大受けした。何だか学生時代に戻ったような感じで、とても気持ちがよかった。

収録を終えて帰ろうとしたら、渡邊プロデューサーに呼び止められた。ぽっちゃりしていて、色が黒いうえに茶色のサングラスをかけていた。

「うーん……」

しゃべりだすまで時間のかかる人だった。私は黙って待つしかなかった。

「あんな話まだあるの？」

学生時代につくったネタはいっぱいあった。アルバイトの話、喫茶店での話、電車の中や公園でのカップルの話、当時はやっていた歌の話、映画の話、それに、大学のキャンパスでの話もいっぱいあった。

それを話すと、渡邊さんは、

「うーん……、来週も来られるかなぁ」

「私は師匠のところに内弟子で入っていますので……」

「あっそう。小文枝さんやったな。師匠にはうちのラジオをやってもらっているし、そっちの人間と吉本（興業）にも言うとくから。なかなかおもしろかったし、若い人にわかりやすい。今日みたいな話をまたやってくれる？　待ってるわ、うん」

渡邊さんは自分でうなずいて、私はあっさりと土曜日の『ヤングタウン』にレギュラー出演することになった。

師匠は自分から「行ってこい」と言った手前、「やめておけ」とは言えなかったのだろう。渋々出演を認めてくれた。

『ヤングタウン』のスタジオを訪れる客の数は回を重ねるごとに増えていった。この背景には、当時はやり始めたフォークソングバンドの力もあった。番組には学生の人気バンドも登場した。

土曜日以外は師匠に付いて回りながら、ネタを考えてはノートに書いておいた。毎日放送からはたいしたギャラは出なかったが、交通費に毛の生えた程度のお金をもらえた。

師匠は出番を終えるとあまり楽屋にいる人ではなかったので、私は時間的には余裕があった。それに、京都花月に出演したときは、吉本から弟子の分の交通費は出なかったので、私は楽屋に泊まることもあった。私だけでなくほかのお弟子さんもそうだった。

だから、京都花月のときはネタを作る時間がたっぷりあって嬉しかった。夜の街もうろつけたし、ネタは街のそここにいっぱい転がっていた。

私は土曜日がくるのが待ち遠しかった。「打ち合わせがありますねん」と言って、土曜日は師匠の家を早めに出て局に向かった。

『ヤングタウン』のディレクターの机の上にはリスナーからのリクエスト曲を書いた葉書が置かれていた。見るとリクエスト曲のほかに「三枝はおもろい」と書いてある葉書も何通かあった。収録後、それも含めて30枚ほど葉書を持ち帰って、楽屋で返事を書いた。

「ありがとう、桂三枝です。ヤングタウン応援してね」

葉書にはお金を使った。「千里の道も一歩より」というように、ちょっとしたことがいつかボディブローのように効いてくると信じていた。

リスナーたちは、私からの返事に驚いたに違いない。返事をくれたという話が広まったのか私宛の葉書も徐々に増えだした。

しかし、私の知名度はまだまだ低くて、ほとんどが「桂三四」であり、なかには「桂惨死」という宛名もあって怖かった。また、回を重ねるごとにスタジオを訪れる若者は増えていたが、街で声をかけられるようなことは一切なかった。

それでも私は毎週おもしろいことや、おもしろそうなコーナーを考えて、渡邊プロデューサーにそのことを話した。渡邊さんは駆け出しの私の話に本気で耳を傾けてくれた。

「うーん……、おもろいんと違う？　やってみようや」

スタジオに来た若者と友達になって、家に電話をかけるコーナーが受けた。たまたま局にやってきた外人さんに大阪弁を教えるコーナーも受けた。

とにかく相手は何を言っても、何をやっても笑ってくれる世代だったから、私はおもしろいお兄ちゃんという立ち位置で、徐々にではあるけれど支持されるようになった。

そして迎えた昭和43年6月、大阪府豊中市の服部緑地で、若者たちに人気のバンドを集めて「ヤンタンフェスティバル」が開催された。渡邊さんが始めた『ヤングタウン』はまさに花開こうとしていた。

私は、ステージに着て出る服というか、衣装を持っていなかった。そこで、母に電話して、こんな感じの服がほしいと言うと、九条に生地を買いに行って、なんと一晩で作ってくれた。母は縫物もできたのだ。

それは、安物のブルーのサテンでこしらえた服で、胸と腕の部分には、私が頼んだ白いひらひらが付いていた。

その服を弁天町の家まで取りに行って、梅田から阪急電車に乗って会場に向かった。そのとき、私に気づいた若者は誰もいなかった。

服部緑地の会場は何千人という若者で埋め尽くされた。

『ヤングタウン』の司会を務める斎藤努さんがステージに出て行って、

「ようこそみなさん、よく来てくれたね。ヤングタウン聞いてくれてる？」

と言うと「ウオー！」っと地鳴りのような歓声が返ってきた。

〈うん、これなら出て行っても少しは拍手をもらえそうだな〉

私は内心では1年前の角座での悪夢を思い出していた。

「それではもう一人相方を呼んでみよう。便所場の裸電球――」

斎藤さんが言い終わらないうちに会場中から「キャー！」「ウワァー！」という歓声がわき起こって、斎藤さんの声が聞こえなくなった。

「早く出て」

ヘッドホンを付けた渡邊さんが背中を押した。

「どうも～」

手を挙げながら出ていくと歓声は一段と高くなった。

〈ついに来たがな……〉

ステージの真ん中で話し出すと、みんなが集中してくれた。

「一人ぼっちでいるときのあなたに――」

びっくりするくらい受けた。渡邊さんをはじめ局の人たちも驚いていた。

終わって斎藤さんが、

「よかったね、三枝さん。すごいわ」

と言って握手してくれた。

「ありがとうございます」

涙を袖でふくと、ブルーのサテンが紺色になった。でも、まだまだ第一歩を踏み出したばかりだと思っていた。

13

昭和43年の春から私は、土曜日だけでなく木曜日、金曜日も『ヤングタウン』にレギュラー出演するようになった。それからしばらくして、私は師匠の家を出て弁天町の実家に戻った。その頃になると母は、私が落語家になったことを愚痴ったり、あまり嘆いたりしなくなった。

母は相変わらず働いていたし、私もレギュラー番組は増えたが、母を養えるほどの収入ではなかった。相変わらずわが家は貧しくて、税務署に申告に行ったとき、生活保護の手続きをしたらどうか、と言われたほどだった。

もちろん断った。私は『ヤングタウン』という番組を足場にして大きく羽ばたこうと思っていたからだ。

ただ、いくらラジオとはいえ、いつも着るものが一緒というわけにはいかなかった。

「スーツがほしいなぁ」

と言うと、母は松島遊郭に隣接した九条の商店街に連れていってくれた。そこで、人生初めてのスーツを買ってくれた。値段は忘れたが、薄い紺色の吊るしの背広だった。

私は結婚するまでギャラはすべて母に渡していたから、買ってくれたのではなく、渡したギャラの中から選んでくれたというのが正しいのかもしれない。でもまあ、当時はまだ母のほうが収入は多かったので買ってくれたということにしておこう。そのスーツは昭和44年8月に初めて出したレコード（「夕陽のアンジェロ」）のジャケットにも写っているし、3年ほどずっと着ていた。

スーツを買った日、成人になってから初めて母と外食をした。その頃チェーン展開をしはじめて話題だったBというお好み焼き屋だった。厚く切った豚肉を生地の上に乗せてひっくり返して焼くという当時としては画期的なお好み焼きだった。

後年チェーン店で同じお好み焼きを食べたが、残念ながらスーツを初めて買った高揚感で食べたお好み焼きの味をもう味わうことはできなかった。

『ヤングタウン』のレギュラーが増えるとほぼ同時に、ほかのラジオ局からも仕事が入るようになり、当時吉本興業の制作部長だったNさんに、なんば花月で「専属になれ」と言われた。

その日、出番を終えた師匠は、私に「先に帰っといてくれ」と言って、漫才の師匠たちと夜の街に繰り出した。師匠は人づきあいがよくて、誘われると断れない人だった。

残された私は帰るにはまだ早かったので、劇場のいちばん後ろで吉本新喜劇を見ていた。客はどんなところで笑うのだろうと思いながら。当時はそんなことばかり考えていた。そのときポンと肩を叩かれたのだ。

N部長は立派な体格の人だった。

「吉本に入らへんか？」

嫌とは言わせない威圧感があった。

「でも、師匠が……。私はまだ師匠の下で修業中の身ですので」

「師匠にはもう伝えてある。毎日放送のほかにもラジオ局からいろいろ仕事が来ているから。小文枝さんには、うちで預からせてくれ言うてオーケーをもらったから、君は心配せんでええがな。大船に乗ったつもりで任せてくれたらええ」

次の日、私は「すいません。申し訳ありません」と師匠に何度も頭を下げた。

師匠は、

「もとはといえばわしが行かせたんや。こうなってはしょうがない。芸人はどこでどうなるかわからん。売れるときには売れたらええのや。みなにかわいがってもらって頑張るんやで。でも、落語、忘れたらあかんで」

と言ってくださった。

『ヤングタウン』での私の人気はうなぎのぼりだった。

昭和44年5月10日に、うめだ花月で初のリサイタル「桂三枝と遊ぼう」が行われた。

定員600人の劇場に1397人もの若者が殺到して、入り口のドアのガラスが割れて大騒ぎになった。

私の人気のほどは、吉本の芸人たちや関係者たちの間で、えらいのが出てきた。それも素人に毛の生えたのが出てきたと大騒ぎになったが、多くの人は新しい時代の到来が間近いことを感知したかもしれない。

そして7月3日、今や伝説の番組となった毎日放送制作の公開バラエティ番組『ヤングおー!おー!』が始まった。

新聞や週刊誌からも取材の依頼が来るようになって、名前だけでなく、顔も一気に知られるようになった。しかも、大阪万博（昭和45年3月開催）が近づいていたこともあって、大阪そのものがおおいに盛り上がっていた。

私にとってすべてがうまく重なって、追い風が吹き始めていた。それを背に受けて、私の人生は大きく舵を切ろうとしていた。

『ヤングおー！おー！』には1回目の収録からおおぜいの若者たちが集まり、またたく間に若者の人気番組になった。

それから間もなく大阪の福島にホテルプラザが完成した。翌年の大阪万博を見に日本を訪れる外国人観光客を見込んで建てられた、当時大阪でいちばん高い23階建ての高層ホテルだった。

そのホテル最上階にあったラウンジを利用して『サテスタ23』というテレビ番組が始まった。のちに『新婚さんいらっしゃい！』を手掛ける朝日放送の澤田隆治さんがプロデューサーだった。

司会は俳優の田宮二郎さんで、アシスタントとして、なぜか私に白羽の矢が立った。

澤田さんには、大阪の若手芸人を売り出そうという思いがあったのだと思う。同時に、全国区の芸能人と一緒に仕事をすることは将来的に勉強になるよという、澤田さんから私へのメッセージのように感じられた。

そういう意味では、私にとって『サテスタ23』はたいへんありがたい番組だった。大映映画のスターだった田宮二郎さんはさすがに格好よかった。

後年そのときのビデオを見たが、私は声が上ずっていたし、ちゃらちゃらしていて、言葉遣いも下手でとても見ていられなかった。

それが一種のトラウマになって、今でも自分が出た過去のテレビ番組は見ないようにしている。ただし、落語は繰り返してやらないといけないので、映像は見ないようにして声だけ聞いている。どんなしゃべり方をしていたのか確認するために。自分の声を聞くのも嫌で仕方ないが、これも前へ進むためだと考えて聞くことにしている。

田宮さんはいつも白いタキシードと黒いズボンでびしっときめていた。しかし、タキシードは毎週違っていたのだ。

田宮さんはタキシードを指差して、

「よく見てごらん。同じ白でも微妙に違うんだよ」

と教えてくれた。驚くと同時に、さすがスターだと思った。そして、たいへん勉強になった。

その田宮さんが後年自ら命を絶つことになるとは……（昭和53年12月死去）。人生というのは本当にわからないものである。

『サテスタ23』には多彩なゲストが登場した。誰がどうやって呼んできたのかいまだにわからないが、アメリカの有名ピアニストだったカーメン・キャバレロまで出演した。

私にとってうれしかったのは大先輩の南都雄二さんや、「エノケン」こと喜劇王の榎本健一さんにお会いできたことだった。

小学生の頃、映画で見た人がすぐそばにいる。エノケン先生は病気のため膝から下を切断して車椅子に乗っておられたが「日本のチャップリン」と言われた先生の歌は好きで、よく聞いていた。

その先生と一緒に仕事ができるとは、自分はなんて幸せな仕事を選んだのだろうと思った。

先生の話はとにかくおもしろかった。

「昔はね、テレビもなかったから私の偽物が日本中にいたんですよ。エノケソなんて人もいて、遠くから見たら、あっ、エノケンだって。ねえ、楽しい時代でしたよ」

駆け出しの私に対しても、先生は終始謙虚で、明るくて、優しかった。

やはり天下を極めた人は違うんだなと思った。その後いろんな人に会ったが、大物と言われる人ほどそうだった。みなさん謙虚で、親切丁寧で、優しかった。

このことを学べたことはとてもよかったと思うし、見習わなければいけないと今でも肝に銘じている。

仕事は増え続け、身辺はますますあわただしくなったけれど、住んでいたのは相変わらず弁天町のボロアパートだった。しかも、家には風呂がなかったので、銭湯に行くしかなかった。行けば声をかけられたし、子供たちは容赦なく「三枝だ、三枝だ」と言って集まってきた。だから、おちおち風呂にも入っていられなかった。

そこで、夜遅くに家から遠い、閉店間際の銭湯に飛び込んだり、梅田のサウナに行ったりしたが、何日も風呂に入れないこともあった。

年が明けて昭和45年になると映画の仕事も入りだした。

初めて出演したのは大映のＳＦ時代劇『透明剣士』だった。それから『ああ独身』（大映）と『仁鶴・可朝・三枝の男三匹やったるでぇ！』（松竹）にも出演した。撮影場所は京都だったが、撮影所近くの旅館によく泊まった。旅館には風呂があったからだ。

この頃吉本にはなんば花月、梅田花月、そして、京都花月と三つの劇場があった。劇場に出演しながらの撮影だったからたいへんだった。

家の前にはファンの女の子たちがそこここにいたし、彼女たちは電車に乗ってでもぞろぞろついてきた。

「ファンは大事にせんと」が口癖だった母は、私の留守中にファンの人たちを家に招き入れてもてなしていた。だから、ファンはありがたいと思いつつも、家に帰っても落ち着けなかった。母はその頃には働くことをやめて、家でファンの人たちと過ごしていた。

今でもそのときのファンの人たちが落語会に来てくれるし、母が入院している施設にも見舞いに来てくれる。

思えば母は、当時から遠大なる計画を立てていたのかもしれない。いずれ息子は忙しくなって家に寄り付かなくなる。それに、嫁でももらえば自分の居場所はなくなるかもしれない。それなら今のうちに知り合いをつくっておこう。そうすれば年を取ってからもにぎやかで、楽しい日々を送れる、と考えて。

毎日たいへんな忙しさだったが、これはまだ序の口だった。万博が始まると大阪はたいへんなことになった。

14

昭和45年3月15日、ついに大阪万博、正式には日本万国博覧会が始まった。

私は前夜祭や、オープニングや、さまざまな催し物に駆り出されて一段と忙しくなり落語どころでなくなった。落語家としてこれでいいのだろうかと考える余裕もなくなるほどの忙しさだった。

映画やテレビ、ラジオのレギュラーに加えていちばんたいへんだったのは土曜日だった。昼に『ヤングタウン』の収録を終えると伊丹空港に向かった。空港へ向かうのも大ごとだった。太陽の塔が見える万博会場の前を通り、大渋滞に巻き込まれながら空港に着くと、午後6時発羽田行きの飛行機に飛び乗った。羽田からはタクシーで赤坂のＴＢＳホールに直行して、午後9時から始まる『ヤングタウンＴＯＫＹＯ』に出演した。この番組は生放送で、夜遅くにもかかわらず大勢の若者がホールを埋め尽くしていた。

11時過ぎに『ヤングタウンＴＯＫＹＯ』を終えると、次に『桂三枝のぐりぐり20分』という番組を1週間分収録。そして、スタジオを移動して、午前2時から5時まで『桂三枝の深夜営業』という生番組に出演した。これは、電話をかけてきたリスナーにいろいろ話を聞く番組だった。

これもたいへんな聴取率で嬉しかったが、とにかく自分の時間がなかった。寝る間もないほどの忙しさだった。

5時に番組を終えると東京駅に直行して、6時の新幹線で大阪に戻った。そして、舞台の合間に生放送のラジオ番組に出演した。そんな毎日が続いて体は悲鳴を上げていた。

とくに土曜日の疲れは次の土曜日まで尾を引くという感じだったが、不思議と倒れるようなことはなかった。

子供の頃から運動が苦手で体を鍛えていたわけでもないし、酒を飲んだり、当時は煙草も吸っていた。でも、酒は飲む量も飲む回数も少なかったし、煙草も格好つけて吸っていただけで本数は少なかった。それがよかったのかもしれない。

大阪万博が始まって間もなく、ラジオ大阪で『ヒットでヒット　バチョンといこう！』という番組が始まり、私は日曜日を担当することになった。

この番組でコンビを組んだのは、のちに私の妻になる高橋真由美。当時17歳で、まだ高校生だった。

真由美とは、彼女がバンドの一員として『ヤングタウン』に出演しているときに知り合った。そのときの話では、歌の勉強をしているということでタレントの卵のような存在だった。かわいらしくて、しゃべり方に妙に特徴があったので『ヒットでヒット』の話が来たときにコンビに推薦した。

彼女の声はラジオに合ったのか、徐々に人気が出て、やがてリスナーの男子高校生の間で人気者になった。

まさか彼女と結婚するとは思わなかったが、番組を始めた翌年の昭和46年6月に婚約して、真由美が住んでいた池田市に新居を構えた。

彼女の両親は、娘はまだまだ若いので自分たちの近くにいてほしいという気持ちが強かった。私も、その気持ちは十分理解できたので池田に住むことにして、彼女の父親が探してきてくれた家に移り住んだ。それは、私にとっては初めての風呂付きの一軒家だった。

真由美の両親は実直で、ものわかりがよくて本当にできた人だった。残念ながら二人ともそんなに長生きすることなく亡くなってしまったが、私の分まで子供たちの面倒をよく見てくれた。本当に感謝している。

結婚したのは昭和47年3月2日。この日は妻の誕生日の翌日で、彼女は19歳になったばかり。私は28歳だった。

母は結婚にはあまり乗り気でなかったようだが、弁天町の家を売り、新居を構えて間もなく一緒に住むようになった。

この頃には、私の収入も少しは増えていたけれど、それでも家を買うまでにはいかず、母に弁天町の家を売って得たお金を融通してもらった。もちろんこのお金は全額返済したが、私の結婚を境に、母のお金に対する執着はかなり強くなったように思えた。母は将来のことを考え始めたのかもしれない。

私は、わが子を親戚に預けて、自由に、好きなように生きてきた母と一緒に住むだけでも親孝行だと思っていたし、若い妻が母との同居をよくぞ承知してくれたと思っていた。このことについては妻に心から感謝していた。

妻は商売人の娘で、若いのに金銭感覚は驚くほどしっかりしていた。だから、家計はすべて妻に任せることにした。母はこれが気に入らなかったようだ。

式は地元の池田カトリック教会で挙げて、披露宴は梅田の東洋ホテルだった。教会からホテルへ向かう途中淀川を渡った。右手に見える東洋ホテルの屋上にはアドバルーンが上がっていた。アドバルーンから白い布が下がっていて、そこには大きな字で、

「桂三枝・真由美さん結婚おめでとう」

と書かれていた。恥ずかしかったけれど嬉しかった。関西大学落語大学の後輩たちからの粋なプレゼントだった。

仲人はもちろん師匠にお願いした。師匠が仲人を務めるのはこのときが初めてで、少し緊張気味だった。

当時師匠は41歳。仲人の挨拶は今でも語り草になっている。

「ただ今、新郎桂三枝こと河村静也と新婦真由美さんの挙式が池田カントリークラブにおきまして――」

大爆笑だった。師匠のひと言で会場は一気に和《なご》やかになった。ゴルフを始めたばかりの師匠はついつい、無意識に教会を「池田カントリークラブ」と言ってしまったのかもしれない。

「ゴルフかいな」

主賓の席にいた六代目笑福亭松鶴師匠が絶妙のタイミングで突っ込んだから、会場に再度大爆笑が起きた。

横目で小文枝師匠を見ると、顔は真っ赤で少し気の毒に思えた。

新婚旅行はハワイで、旅行中にささいなことで喧嘩もしたけれど、無事帰国して新婚生活が始まった。

その頃から母の外出が目立つようになった。そして私には、大きな決断をしなければいけない時が迫っていた。

15

結婚してから若い人たちのファンレターは激減したというより、ほとんど届かなくなった。冬には段ボール5箱ほど届いていた手編みのセーターやマフラーも届かなくなった。結婚すればこうなることはある程度覚悟していたが、ここまで顕著なものかと驚いた。

このままでは若い人たちにそっぽを向かれてしまう。そんな恐怖感もあった。しかし、一方で私は、人気というものがいかに不確実で、恐ろしいものであるかということも承知していた。

「人気は『人の気持』だから、寄せる波があれば返す波もある。上に行っても必ず落ちてくる」

これは一世を風靡《ふうび》したフォークバンド「ザ・フォーク・クルセダーズ」のメンバーで、現在は精神科医、精神分析家として著名な北山修さんが私に言った言葉だ。

北山さんとの出会いは『ヤングタウン』だった。

彼は私より3歳下だったが、初対面で、すごい人だと思った。尊敬すべき人だった。だから、何かあると相談をした。

北山さんはこうも言った。

「人気が落ちるのは仕方がないから、いかにそれが徐々に落ちるようにするかや。そのあたりをよく考えて生きていかんと」

『ヤングタウン』をはじめ私が出演する番組の人気は相変わらず高かった。しかし、若者の私に対するテンションは結婚前とは明らかに違っていた。

周りからは、

「三枝も、もう終わりやなぁ」

という声も聞こえてきた。

そろそろ大人の芸人にならないとこの世界で長くやっていられないなという思いが芽生えてきた。

それに、番組の収録が終わっても、ゲストの人気歌手やタレントを見ようと夜遅くまで局の周りをうろうろしている若者に「早く帰って勉強しろよ」「早く帰らないと親が心配するぞ」と言いたい気持ちになった。そんな自分に驚いた。

『ヤングタウン』も『ヤングおー！おー！』もそろそろ潮時だと思ったけれど、言い出す勇気はなかった。

番組を降板すればさらに人気も落ちて収入は激減するだろう。そうなれば妻の父親が見つけてくれた2階建ての一軒家も手放さなければならなくなる。

ふと小学生のときに住んでいたおっちゃんの家が頭に浮かんだ。せっかくここまで来たのに、またあの頃の生活に戻るわけにはいかなかった。妻のためにも絶対に。

『ヤングタウン』の渡邊プロデューサーにはいろいろなアイデアを出した。渡邊さんは相変わらず寡黙な人で、私の言うことを「ふん、ふん」と聞いているのかいないのかわからなかった。でも、おもしろいと思ったらすぐに実行してくれた。それはテレビの世界では考えられないことだった。

私が出したアイデアの中で大ヒットしたコーナーがあった。

かいつまんで説明すると、まず、スタジオに来てくれたファンの中で、出演の了承を得た見知らぬ男女二人に別々の部屋で待機してもらう。そして、公開録音のフロアに登場する際には、お互い顔がわからないよう二人に深い編み笠を被ってもらった。その状態で自己紹介をして、二人で話し合ってもらう。そこへ私が登場して、いくつか質問をして、編み笠を取っていよいよご対面。私はさらに質問を続けて、最後に、相手のことが気に入ったら、音楽が高らかに鳴ってカップル成立というコーナーだった。

ＳＮＳのような出会いの手段や場がない時代だったから、このコーナーは若者、特に高校生たちに大受けした。

そして、これは昭和47年10月に、関西テレビの『ナイトパンチ』という番組の中で「パンチＤＥデート」というコーナーになった。

その前年、昭和46年1月には『新婚さんいらっしゃい！』が始まっていた。

この番組で私が司会を務めるようになったいきさつはこうだった。

「朝日放送の澤田さんから、新婚さんの視聴者参加番組をぜひやりたいという話があってな。ついては、きみに司会を頼みたい、と。それと、きみがギャグに使ってる『いらっしゃ〜い』をタイトルに使いたいということやねん。受けてくれるか？」

と吉本から打診があったのだ。

「澤田さんなら『サテスタ23』もやらせていただいたし、ぜひやらせてください。ギャグも使っていただいて結構です」

「そうか。それとな」

「まだ何か」

「実は、急にやることになった番組やから、3カ月先には別の番組が始まることが決まってるのや」

「たった3カ月だけですか？」

「そうやねん。すまんな」

「けど、よほどおもしろい番組にしたら続けさせてもらうこともあり得るということですね」

「ま、そんなことはほとんどないやろけど、もしかしたらな。そこはあんまり期待せんといてや」

『新婚さんいらっしゃい！』は3カ月で終わらなかった。それどころか並みいる視聴者参加番組が次から次と終わるなかで現在も続いている。

ちなみに、私は番組開始から皆勤を続け、45周年を迎えた平成27年7月には「同一司会者によるトーク番組の世界最長放送」としてギネス世界記録に認定され、登録された。

番組を始めたときは、もちろんここまでやれるは思っていなかった。それでも、やるからには大志を抱いて、だらだらせずに、勇気を持ってやることが大事だと思っていた。

そして『新婚さんいらっしゃい！』は今も続いている。

さらに、昭和48年10月には、『ナイトパンチ』の中の一コーナーだった『パンチDEデート』が番組として独立した。

こうして私は息を吹き返したのだ。

若者ではなく大人をターゲットにした『新婚さんいらっしゃい！』と『パンチDEデート』が定着したことで、私は思い切って、当時マネージャーだったIさんに『ヤングタウン』と『ヤングおー！おー！』を卒業したいと伝えた。

Iさんはびっくり仰天して「会社の上の者と相談します」と言ったが、彼は私の意向をよく理解してくれて、吉本の上層部の人たちを説得してくれた。そこまではよかったのだが、放送局には「三枝が引退したい言うてますねん」と伝えたものだから大パニックになった。なぜ引退すると言ったのかいまだにわからないが。

何とか会社の了解を得て、また、放送局も理解を示してくれて、私は飽きられる寸前で若者相手の番組を卒業することができた。

会社にとっても、放送局にとっても人気番組を一度に二つも降板することは前代未聞だった。でも私は、人気番組が二つあっても次があるという保証はない。保証がないことを恐れていては先が開けない。勇気を持って前に進むしかないと思ったのだ。

長いことお世話になった渡邊プロデューサーとの別れは本当につらかったし、申し訳ないという気持ちでいっぱいだった。

しかし私は、これから先『ヤングタウン』からお声がかかっても足を運ぶつもりはなかった。きっちりと決別するにはそれくらいの覚悟が必要だった。

前途は洋々どころか不安ばかりだったけれど、次なるステップへと頭の中は動いていた。

背負っているものがあまりなかったから決断できたのかもしれない。

16

自分の我を通した背景には子供時代の、一人で生きていかなければいけないという環境があったのかもしれない。でも、運命には逆らえない。努力することで多少運命を変えることができるかもしれないが、あとは吹く風任せである。それなら吹く風を読んで、それに乗るしかない、まさしく風に戦《そよ》いで生きるしか……。そんなふうに思っていた。

昭和40年代後半の私はまだまだ全国的に知られた落語家ではなかったが、『パンチDEデート』の異常なヒットは桂三枝を全国の顔に押し上げた。番組の中で使った「オヨヨ」「グー!」のギャグは流行語になって私の人気を加速させた。

当時はギャグを毎日考えていた。「いらっしゃ〜い」はいちばん最初に考えたギャグだった。

舞台に出たら、とにかく早く客の心をつかみたい。「いらっしゃいませ」という最初の言葉をギャグにすればと、ふと考えた。

いろいろ言い方を試してみたが「いらっしゃ〜い」と息を抜いて、包み込むように言うと受けたのだ。最初は手の動きはなかったが、知らない間に付いていた。「いらっしゃ〜い」で全国区になった私だが内心納得できないところがあった。落語家としては知られていない、認められていないからだった。

このままでは落語家でなくなってしまうかもしれない。そんな不安を抱きだした頃、『上方落語大全集』という番組の司会が舞い込んだ。

これは全国ネットではなく関西ローカルのサンテレビの制作だったが、毎週落語に触れられるのがありがたかった。

当時の上方落語界は六代目笑福亭松鶴、三代目桂米朝、三代目桂春団治、三代目桂小文枝の四天王を中心に、若手では桂小米(のちの桂枝雀)、桂春蝶、笑福亭仁鶴が若い人たちの人気を集め、ベテランと若手が一体となってブームの兆しを感じさせていた。

こうした中でしっかりと上方落語を学べたことと、織田正吉さんという構成作家と一緒に仕事ができたことが大きかった。

私が目指していた笑いとは日常性と普遍性——つまり、日々の生活で「ある、ある」と思わせる事柄や出来事から感じられるおかしさや明るさ、温かさだった。昔から尊敬していた花菱アチャコさん、西条凡児さん、藤山寛美さんの笑いがまさにそうだった。そんな笑いを書いてくださったのが織田先生だった。

先生が書くネタは必ずと言っていいほど受けたので、その後、自分がネタをつくる際にたいへん参考になった。先生から学んだことはとても多かった。

『上方落語大全集』では普段なかなかお会いできない師匠方にも会うことができた。だから、落語への回帰にぴったりの番組だった。

時間ができると米朝師匠や三代目桂米之助師匠のもとに稽古に行った。いちばん通ったのは橘ノ円都《たちばなのえんと》師匠だった。

師匠はとても優しかった。

「テープで取りや。わしもそない長いこと生きてられへんかもしれんから」

師匠は90歳近かったが噺をよく覚えておられた。ところどころ聞き取れないところはあったけれど、「宿屋仇」「軒付け」など多くの噺を教えていただいた。なかでも「羽織」は、みながあまりしない噺なので嬉しかった。

でも、なかなか落語に時間をさけなかった。ありがたいことに次々にレギュラー番組が入ってきたからだ。

『ドカンと一発60分！』（テレビ朝日）、『クイズＤＥデート』（関西テレビ）、『三枝の国盗りゲーム』（朝日放送）、『三枝の爆笑美女対談』（関西テレビ）、『ザ・恋ピューター』（読売テレビ）、『ナイトｉｎナイト』（朝日放送）……これ以外にもたくさんのレギュラー番組をいただいた。

その一方で、私の落語は受けなくなっていった。というより、テレビの中の自分と着物を着て高座で落語をやる自分のギャップを私自身が感じるようになって、落語を楽しくやれる自信がなくなっていったのだ。恐らくそんな私の心の内が客に伝わって落語が受けなくなったのだと思う。

円都師匠に教えてもらった「宿屋仇」も何度かやったが、何かしっくりこなかった。

どの噺も、枕までは日頃の自分の話し方ができたが、ネタに入ると他人がしゃべっているような錯覚に陥った。

そこで、試しに古典落語を現代風にやってみた。「借家怪談」を「幽霊アパート」に変えて。また、「犬の目」「首の仕替え」「世帯念仏」「動物園」「大安売り」など、わりと現代風の落語にも積極的に取り組んだ。しかし、どれもこれも自分が納得いくものではなかった。

次に桂文紅師匠の新作「テレビ葬式」をやらせていただいたが、これも自分の手の内になかなか入ってこなかった。

悪戦苦闘する中で唯一大受けした落語があった。それは、古典の「桃太郎」だった。

ヒントは俳優の嵐寛寿郎さんから頂いた。

何の番組か忘れてしまったが、京都・嵐山のご自宅に伺ってインタビューさせていただいた。

「わてはなぁ」

子供の頃に映画で見た鞍馬天狗の話し方と違って、はんなりとした京都弁だった。

「大衆に受けるもんは何やろとずいぶん悩みましたで。ほんならあんた、何ちゅうてもおなごはんと子供や。おなごはんと子供に受けるもんは動物と子供や。で、鞍馬天狗がまたがる白い馬と角兵衛獅子の杉作を登場させましたんや。鞍馬天狗や、鞍馬天狗や言うて当たりましたでぇ。落語にはそんなんおまへんのか？　動物と子供が出てくる噺。探してみなはれ、きっとあるはずだっせ」

探しているうちに「桃太郎」にたどり着いた。

おばあさんが川で洗濯をしていると大きな桃がどんぶりこどんぶりこと流れてきて――という前半を大幅にカットして、考えられるギャグを目いっぱい入れて劇場でやったら初めて古典落語で受けたのだ。おもしろいほど受けた。

そして、だんだんお客さんが私に望んでいるのは古典落語ではないと思うようになっていった。

テレビだけでなく落語もうまくいきだすと、舞台裏での私への風当たりがだんだんと強くなってきた。

私の化粧前の名札がごみ箱に捨てられていたこともあった。こうした洗礼は芸界にはよくあることなので、あまり気にせず、そっと元に戻しておいたが。

そんなある日、私はついにあの人から声をかけられたのだ。

17

「ちょっと」

男は楽屋の入り口で、私を手招きした。

「はい？」

立ち上がって近づくと、

「ちょっと顔貸したりいな」

私は痩身の男のあとに続いて楽屋を出た。

男は売り出し中の漫才師・横山やすしさんだった。

年齢は一緒だったが、芸歴は8年ほど違った。笑いの世界の大先輩だった。

やすしさんは高校の演劇部の先輩Nさんがプロになってから漫才のコンビを組んだ人で、私は高校3年生のとき、Nさんを楽屋に訪ねた折に一度会っていた。

やすしさんはそのことをすっかり忘れていたようだったし、私も触れずにいた。

「何やろう……」

胸が高鳴った。

やすしさんはうめだ花月の楽屋口を出るとお初天神に向かって歩き出した。独特の歩き方だった。蟹股で、派手なストライプのスーツはチンピラみたいだった。やすしさんは一度もうしろを振り返ることなく歩き続けた。お初天神を過ぎて、曽根崎小学校の先に公園があった。私は、そこで襟首をつかまれて顔を一発ぐらい殴られるのかなと思った。

私はそれまでやすしさんの気に障るようなことをしたこともなかったし、言ったこともなかった。そう確信していた。しかし、楽屋でのやすしさんの言動を見る限り、常識は通用しなかった。

やすしさんは、突然右手にあったうどん屋に入った。私もあわててついて入った。席に着くなり奥に向かって「天ぷらうどん二つ」と叫んだ。私の意向はまったく考えていなかった。

「いや、あんな」

やすしさんは神経質そうに人差し指で眼鏡をずり上げた。眉と眉が寄ってみけんにしわができていた。

「きみのな」

私を「きみ」と呼んだのが不思議だった。驚いた。

「評判悪いで」

「そうですか……」

「そうですかやないで。あんな、売れてくると出番もぐちゃぐちゃになるし、ちゃんと挨拶もせんと楽屋を飛び出すからな。でも、これはしゃあない。いろいろ言うやつがおるけど、わしに言わしたら、そんなやつらはほっとけ。気にすんな。それを伝えとうてな。とにかく気にすな！」

「ありがとうございます」

思いがけない言葉に、私は頭を下げた。

「まあまあええがな。マイペースやで」

「マイペース、ですか？」

「そうや。それも自分に都合のいいマイペースではどんどん遅くなる。人を追い抜いていくペースをマイペースにせないかんねん。わかるか？　地下街を歩くときでもぺったらぺったら歩いてるやつがおるがな。そんなやつのもう一人前を見てインからかますねん」

やすしさんはアマチュアの競艇選手としても知られていた。

「ええな、わかるな。あんたとは、わしが前の相方と漫才やってるときに、なんば（花月）でお会うてるやろ。あのときは、まだ高校生やったんと違うか？　それがこの世界に入ってきたから前から気になってたんやがな」

「ええ⁉　覚えてくれてはったんですか？」

「あたりまえや！　一度あったことは忘れへん。記憶力はこの世界では大事やで」

「ありがとうございます」

「ええがなええがな。頑張りや。この世界は勝たんといかん。負けたらいかんで！」

やすしさんはまくしたてなから天ぷらうどんを口に運んだ。そして、食べ終わると、

「ごっつぉはん」

と言って先に店を出ていった。

お金は私が払った。だけど、やすしさんから大事なことを教わった。そういう意味では、あの日の天ぷらうどん代はとても安かった。

その後もやすしさんとはよく仕事をした。

「かなわんなぁ、河村はん」といつしか本名で呼んでくれるようになった。

一緒に映画に出たときには「明日早いから一緒に行こ。送ったる」と言って自家用車に乗せてくれた。

速かった。とにかく速かった。自動車が出せるスピードを目いっぱい出していた。

「やすしさん、そないに急がんでもええんと違う？」

私は必死に車内の手すりにしがみついて言った。まだシートベルトがない時代だった。

「急いでんのと違うがな。かなんなぁ。風を楽しんでるのやがな。風の音が聞こえるやろ？」

「風の音はええんと違う？　それより景色を見ながらゆっくり走ったほうが。時間もまだあるから」

「早よ行って台詞を覚えな」

「えっ、まだ覚えてないの？」

「あんなもん早くに覚えるもんと違うがな」

このときやすしさんは無免許だった。あとで知って、命があって本当によかったと胸をなでおろしたものだ。

私はやすしさんが好きだった。やすしさんも私に好意を抱いてくれたが、私のことを自分とは少し異質の人間、芸人だと思っていたようだ。私も同じだった。

でも、それゆえ磁石のプラスとマイナスが引きつけられるように、お互いに心ひかれる関係になったのだと思う。

「河村はん、ちょっと行こうや」

やすしさんに言われて寿司屋に行ったことがあった。

「あのネタおもろいなぁ、飛行機のネタ」

「おおきに」

セスナ機に乗る噺だった。やすしさんは聞いてくれていたのだ。

「あんなんおもろいなぁ。傑作や」

「ありがとうございます」

二人の会話は弾んでいた。ところが、私の隣にすわっていたサラリーマン風の男性が私に話しかけてきたことで、その場の空気は一変した。

「三枝さんでしょ?　いつも見てます。おもろいでんな。頑張っとくんなはれや」

私は笑顔で会釈したが、内心まずいことになったと思った。案の定、

「こら！　おのれはこっちが話しとんのに割り込むなちゅうねん。あほんだら。安もんのサラリーマンが。黙って飲んどけ。あほか、いてまうで！」

男性はばつが悪そうにこそこそっと店を出ていった。店もいい迷惑だったと思うが、やすしさんには通じなかった。

やすしさんは、まだお母さんのおなかの中にいるときにお父さんは外地で戦死したそうだ。そして、養父母に育てられたという。だから、私と似たような境遇だった。

けっして悪い人ではなかったが、やすしさんは私のように運命に、風に任せて生きるのではなく、逆らって逆らって生きようとしたのかもしれない。

西川きよしさんが参議院議員になってから、やすしさんとは何本か一緒に番組をやった。

ある番組の宣材写真を撮ったときだった。その日、何があったのか、やすしさんはスタジオに入ったときから機嫌が悪かった。

そして、撮影が始まると、何枚も撮り続けるカメラマンに向かって、

「こら、おまえもプロやろ。そない何枚も撮らんでも2、3枚で決めたらんかい、あほが！」

と食ってかかった。

カメラマンは意に介せず、ファインダーをのぞき込んだまま、

「いいのを撮りたいんでね。もっと前に出てもらえますか」

ここでやすしさんが切れた。

「おまえが前に来んかい！」

やすしさんは平成8年1月、51歳でこの世を去った。もし存命ならば——と考えるのはせんないことだが、どんな年寄りになっていただろう。きっといいおじいさんになっていたと思う。

人は、やすしさんは歴史を創ったと言うけれど、死んでしまったら元も子もない。忘れられていくだけだ。

だから、せめてここに書き記しておきたい。

書いておきたい人は山ほどいるが、書ききれない。大好きな人がいなくなるのは本当に寂しいものだ。

18

なかなか自分の落語を見いだせないままテレビの仕事をこなしている毎日だった。

そんなある日『新婚さんいらっしゃい！』の楽屋に一人の紳士が訪ねてきた。

「ひょっとして河村清三さんの息子さんの静也さんですか？」

父と一緒に銀行の天満支店で働いていた人だった。60歳過ぎの初老の紳士だった。新聞で私の本名を知って訪ねてきたのだという。

「お父さんと一緒に働いていた者たちが集まりますので、よろしければお母さんもご一緒にいらっしゃいませんか？」

母はあまり興味を示さなかった。でも、父のことをまったく知らなかった私はスケジュールを調整して母と一緒に行くことにした。

場所はミナミの料理屋だった。戦後から35年ほどたって世の中はすっかり落ち着いていた。

「河村に似てるなぁ」

最初は、母にも気を遣っていたのかあたりさわりのない話ばかりだった。しかし、

飲むほどに酔うほどに誰かが、

「それはそうと河村は女好きやったなぁ」

と言い出した。あわてて「おい、おい」と止めようとした人がいたが、話は止まらなかった。

「いや、おもろい男やったなぁ。競馬も麻雀も好きやったけど、女がいちばん好きやったで。本人がそう言うてた。いちばん印象に残っているのはな、漫才とか落語が好きやった。どっちかというと落語が好きやったな。法善寺の花月やキタの花月に行って、あくる日に仕事始まるまで、銀行でやってくれたなぁ。それがまたうまかったんや」

初めて知ったことだった。

母から、父はまじめ一筋の人だと聞かされていた。でも、そうではなかったのだ。それがとても嬉しかった。父がものすごく身近な存在に感じられた。私は父の仕事仲間だった人たちの話を笑って聞いていた。

そのうちある人がまじめな顔で、

「ところで、お父さんが亡くなったんはいくつのとき?」

「生後11カ月です」

「不思議やなぁ。お父さんの顔もわからんのに受け継いではるって」

私も不思議だった。落語だけでなく笑い方も、ビールの飲み方も同じやと、みなが感心した。みんな父が戻ってきたような感じで私を見ていた。

その晩、母の機嫌はあまりよくなかった。


落語が好きだったという父の話を聞いて、私はますます落語に傾斜していった。

あるとき、朝日放送ラジオの岩本靖夫プロデューサーから、

「これ、いっぺん聞いてみたら」

と1本のテープを渡された。三遊亭円丈師匠の新作落語「グリコ少年」だった。懐かしかったし、何よりおもしろかった。こんな落語もありなんや。古典一色の東京ですごいことをやる人が出てきたものだと思った。

うかうかしていたら東京に置いていかれる。すぐにでも行動を起こさなければいけないと思って、大阪の喜劇作家・香川登志緒先生に相談して、大阪でも「創作落語の会」を始めることにした。

そのときの「グループ落語現在派」の名付け親は香川先生で、「創作落語の会」は岩本さんだった。

これがきっかけで私がつくる落語は新作落語ではなく「創作落語」と言われるようになった。

昭和56年3月7日、第1回創作落語の会が梅田バーボンハウスというライブハウスで行われた。私は毎回出演し、出演は今も続いている。

記念すべき1回目の創作落語の会は満員だった。

1回目の主な出演者と演目を記すと、
桂文福「パチンコ・国技館」

桂べかこ（現・桂南光）「テレビトンネル」

桂文珍「ザ・フェイム」

笑福亭福笑「福笑の新・おもろい夫婦」

桂三枝「仁義なき校争」

三遊亭円丈「スペース・ギャンブラー」

1回目から見事なまでに今までの上方落語にはなかったタイトルが並んでいた。

そして、ライブハウスという落語をやるには難しい場所であったにもかかわらず会場はおおいに盛り上がった。とりわけ若い人たちに大受けだった。

私の演目「仁義なき校争」は、不良生徒によって校内のガラスが割られたり、校内暴力が多発する中学校で先生が立ち上がる噺で、当時は学校の荒廃が大きな社会問題だった。

2回目は2カ月後の5月9日に行われたが、客の数は1回目を上回っていた。また、岩本さんのおかげでラジオで放送されることが決まって、出演者はみな大はりきりだった。

2回目には笑福亭鶴瓶が参加して「現代国語・I」。私は、知らない間に男性が女性化していて新しい世界を垣間見る「新世界」を演じた。

3回目は7月11日。明石家さんまが出演した。この頃彼はまだ落語家で「神様の手紙」という噺を器用に演じた。私は「ご対面は涙・涙のポタージュスープ」。この頃、テレビでは生き別れの家族や友達、先生や生徒が何10年ぶりに対面するご対面番組がはやっていた。それをヒントに視聴率を取るために司会者が無理やり悲しい話を創り上げるという噺をした。

4回目は8月29日。月亭八方が参加して「力道山物語」を演じた。私は、ピンク映画の制作者がいろいろなことからヒントを得て映画のタイトルを考える噺で、タイトルは「セクシーピン句」。

5回目は10月3日。再度さんまが出演してくれて「2001年オカマの旅」。私は、当時下火だった大相撲人気を盛り上げようと、ついに女性の相撲取りが出現する「大相撲復活の日」を演じた。

6回目は昭和57年1月9日で、またまた円丈さんが登場して「自殺便り」。私は「作文」。

この頃から、あまり流行や事件、時代性にとらわれずに日常性、普遍性を強く意識するようになった。「作文」は飲んだくれの、写真館の二代目婿さんを立ち直らせるために息子に作文を書かせるという噺だった。

7回目の3月6日には桂春蝶さんが特別出演してくれた。春蝶さんは私が小文枝師匠に入門する際、なんば花月の前まで付き添ってくれた人で、あれから16年の歳月が流れていた。春蝶さんは「ご先祖様」、私は「夢・まぼろし」。

私の50年後の噺で、初めて高齢者、高齢化社会を扱った。

上岡龍太郎さんがゲストで登場したのは8回目で5月8日。演目は「キオスクに於けるベストセラー考察」。私は、流れ作業で結婚式を挙げていると思わぬハプニングで流れが止まってしまう「ケンタッキー・ブライドチキン」。

9回目は7月10日。私は、娘と息子が何を考えているかわからない親の悩みを取り上げた「何考えとんねん」という噺をした

第10回は9月4日。鶴瓶が再度出演してくれて「10月10日」。私は「真心サービスおじんタクシー」。

この噺は今でも高座でやっている。10回目にしてやっと時代を超えてやれる噺に到達することができた。高齢化が進んで、65歳以上の運転手ばかり雇うタクシー会社の噺だが、このあたりからようやく自分の方向性を見つけることができたような気がする。

第11回は11月6日。このときの噺は「ゴルフ夜明け前」だった。しかし、まだつくったばかりで、11月8日に新宿紀伊国屋ホールで行われた芸術祭参加の公演では「真心サービスおじんタクシー」を演じた。まだ「ゴルフ夜明け前」をやる自信がなかったのだ。

第12回は年が明けて昭和58年1月15日。私は「蒸発」。当時、テレビでは蒸発した妻や夫に呼びかける番組がはやっていた。それをヒントに、呼びかけたのは何と蒸発した犬だったという噺をした。

第13回は3月12日。私の演目は「効果音の効果は効果的だったかどうか」。この噺をつくる際には、小学生の頃にラジオの公開録音を見に行ったときの体験がおおいに役に立った。

第14回は5月7日。演目は「医ー家族」。開業医の父親に、医者になって後を継ぐようしつこく言われ続けた息子が、手術中の父親に、自分は役者になりたいと告白する噺だった。

15回目は7月16日。この日、私は40歳になった。演目は「恐怖の怪談社」。恨みのある人間に恐怖を与えて恨みを晴らしたいと思っている人のニーズにこたえる会社の噺で、初めての怪談ものだった。

16回目は9月10日で、私の演目は「イキ！イキ！ため息」。生活に疲れた男が毎日訪れる居酒屋での噺。

そして迎えた昭和58年11月13日、新宿・紀伊国屋ホールで行った芸術祭参加公演・第3回「落語現在派宣言‼」で、私は「ゴルフ夜明け前」を演じた。

私は前年の芸術祭参加公演で、受けを狙って安全な「真心サービスおじんタクシー」を演じたことを少なからず後悔していた。そのことが自分の中にずっと引っかかっていた。そこで、1年かけて推敲《すいこう》に推敲を重ねて、満を持して「ゴルフ夜明け前」を高座にかけたのだ。

落語家になって17年。思ってもいなかった大きな転機が訪れようとしていた。

19

話は前後するが、紀伊国屋ホールで「ゴルフ夜明け前」を演じる前の年――昭和57年4月、古典落語で人気絶頂の桂枝雀さんと一緒に『浪花なんでも三枝と枝雀』(朝日放送)というテレビ番組をやることになった。創作落語のつくり方が何となくわかりかけてきた頃だった。

番組は二人でゲストを迎えてトークコーナーあり、二人でいろんなことにチャレンジするコーナーありで関西エリア限定だったが喜んで引き受けた。

枝雀さんは私より4歳上で、小米時代から枝雀さんの舞台はよく見ていたし、私が落語家になってからはとてもかわいがってくださっていた。毎週枝雀さんと話ができるだけで嬉しかったし、そばにいられるだけで楽しかったのだ。

「古典落語は枝雀落語」と言われるほど枝雀さんの落語は革命的で個性にあふれていた。にもかかわらず端正で理論派の桂米朝師匠の門下だった。このあたりが私にはおもしろかった。

私が枝雀さんの存在を知ったのは高校生のときだった。親友の岩佐朋二君と素人参加番組『漫才教室』に出演する2年ほど前から枝雀さんは弟さんとコンビを組んで『漫才教室』に出ていた。そして「天才前田兄弟」と呼ばれていた。

しかし、枝雀さんはただの天才ではなかった。落語家になってからは狂言や日本古来の人形劇をはじめいろいろな芸に熱心に取り組んだ。モデルに挑戦したこともあった。こと芸に関しては驚くほど貪欲だった。番組の中で、二人で漫才界の大御所だった中田ダイマル・ラケットさんの漫才にチャレンジしたこともあったが何をやってもすばらしかった。すごい人だった。

ただ、一つだけ不得意なものがあった。番組では体力測定をやることがあった。

私は子供の頃から運動音痴だったが、枝雀さんは私に輪をかけていた。とりわけスクワットが苦手だった。

運動音痴を指摘されると枝雀さんは、まじめな顔で「人間の一生の動きの量は決まっているんです。ここであまり使うと年を取ってから動けなくなるから気をつけないと」と言っていた。

私は枝雀さんが大好きで、いつも「枝雀兄さん」と呼んでいたが、とにかく毎週驚くことばかりだった。

枝雀さんは常に噺を繰《く》っていた。同じ噺を何度も何度も反復していた。私が番組のディレクターからゲストについてレクチャーを受けているときも、われ関せずという感じで噺を繰っているのだった。

枝雀さんは噺を羊にたとえてこう言った。

「噺家はなあぁ、羊飼いと同じやねん。常に目を離さんように見守っとかんと。1頭でも丘の向こうへ行ってしまったら群れに戻すのがたいへんやで」

今ならばこの言葉がよくわかるし、理解できる。

1日でも稽古を怠ったら噺を元の状態に戻すには3日はかかる。仮にひと月、1

年放っておいたらたいへんなことになってしまう。だから常に稽古、ひたすら稽古。落語家に限らずプロはそうあるべきなのだ。

でも、当時の私には枝雀さんのまねはできなかった。次の落語会でやる噺をあわてて稽古するという感じで、言うなればいつも自転車操業だった。

また枝雀さんは仕事が休みの日には午前8時に家を出て、夕方の5時まで自宅近くの公園で噺を繰っていた。

「サラリーマンは朝の8時から夕方の5時まで働いていますから。われわれ噺家もそうしないといけません」

もう一つまねができないことがあった。枝雀さんは落語を演じている自分をビデオで見て笑っていた。私はとても自分の落語では笑えなかった。

稽古のことだけでも頭が下がる、尊敬できる先輩だったが、枝雀さんは公私にわたってどんなことでも相談に乗ってくれた。

仕事のあと梅田の小料理屋に連れていってくれたりもした。枝雀さんは入口近くのカウンターに座ると正面を向かずに、椅子に斜めに座って、半身を暖簾《のれん》がかかる方向に向けて飲むのが常だった。

「兄さん、変わった座り方でんなぁ」

と言うと、ハハハと笑って、

「あのね、こうしてね、店の雰囲気と外の景色、外の風を感じながら飲むのが非常にいいのです」

飲み方も変わっていた。日本酒をぐいっと口に入れると飲み込まずに、のどのあたりでしばらくごろごろさせて、それから一気に飲み込んだ。

杯を重ねながら、

「私はね、舞台に出て行ったら何もしゃべらなくてもお客さんが笑ってくれる。そんなふうになりたいです」

とよく言っていた。

あるとき枝雀さんからこう言われた。

「三枝君、創作もええけど古典もやっておきや。新しいことには絶対飽きるときがくるから。それから古典に戻っても遅いで。古典をしっかり稽古しておいたほうがええ」

この言葉はずしりと心に響いた。落語は稽古すればするほど良くなっていくのはわかっていたし、古典落語をやっておかないと急には古典に戻れないということも重々わかっていた。しかし、頭の中で枝雀さんの言葉を反芻《はんすう》しながらも、私はどんどん古典から遠ざかっていった。

20

紀伊国屋ホールの「落語現在派宣言!!」で演じた「ゴルフ夜明け前」が評価されて、私は昭和58年12月、第38回文化庁芸術祭賞大衆芸能部門で大賞を受賞した。受賞は私の力だけではない。この点はみなに心苦しく思ったけれど、何はともあれ私の創作落語が認められたことは確かだった。

「ゴルフ夜明け前」をつくったのは1年前の昭和57年だったが、当時日本中がゴルフブームで沸き返っていた。猫も杓子もゴルフ、ゴルフで、テレビ局の人たちもこぞってゴルフに夢中になった。私も局の人に勧められてゴルフを習いに行ったが、運動音痴の悲しさで一向に上達しなかった。

でも、この空前のゴルフブームを何とか落語にしたいと思っていた。最初はゴルフのコンペにいろんな剣豪が参加するというひじょうに突飛な、漫画チックな落語を考えていた。

そんな折『新婚さんいらっしゃい！』の収録で長崎へ行って、そのときに出島史料館でゴルフのクラブを見たのだ。正式には「コルフ」と書かれていた。ボールはボーリングの球ほどの大きさで、クラブは棒の先に鎌の刃が付いているようなものだった。

しかし、後日私が入手したオランダ商館書記のアドリアーン・ファン・デル・ブルフの日記「出島オランダ商館長日記」によると、承応元年（１６５２年）７月に博多の領主が出島を見物に来て、多数の博多の貴族たちも領主に同行してきた。彼らは商館内で2時間ほどもてなしを受けたのち、庭園で館員たちゴルフや西洋スゴロクの遊戯をするのを見て喜んで、そのあと彼らもこれを行った——と当時の日本人がゴルフではなく「ゴルフをした」とはっきり書いてあるのだ。

さらに調べていくうちに１８６０年（万延元年）の10月にはイギリスで第１回全英オープンが行われたこともわかった。

つまり、ゴルフはもうそれほどのスポーツになっていて、江戸時代の末期には日本にもゴルフをやる人たちがいた。革靴を履いていち早く西洋の文化に興味を持っていた坂本龍馬がゴルフをやっていたとしても不思議ではないと思った。

では、龍馬と一緒にゴルフをする人物を誰にするか？　相手は敵対する新選組の局長・近藤勇しかいなかった。ゴルフに興じるうちに敵対する二人の間に友情が芽生える。立場は違うが「この国を思う気持ちは同じだ」と坂本龍馬の心意気にほれ込む近藤勇。こうして「ゴルフ夜明け前」はできあがった。

「ゴルフ夜明け前」が芸術祭で大賞を取ったことで私を取り巻く状況は大きく変わった。

今まで「三枝ちゃん」とか「三枝君」とか親しく呼んでくれていた人たちが、徐々に落語家として接してくれるようになっていくのがよくわかった。それまであまり言われたことがなかった「師匠」という呼び方も、戸惑いはあったけれど正直嬉しかった。やっと落語家らしくなれた。大阪には真打制度がなかったが、真打になった気分だった。

試行錯誤の末にたどり着いた「ゴルフ夜明け前」は舞台にも、映画にもなった。

ただ、落語家として認められたのはよかったが、それまで増え続けていたテレビ番組の仕事はあまり来なくなった。やはり、テレビというのは軽さを必要とする世界なのだろう。そして、落語界の大御所にこんな軽い番組は……とみんなしり込みをしたのか、テレビの番組は1本、また1本と終わっていった。その結果、私は創作落語に比重をかけるようになっていった。

古典落語と決別するために大阪厚生年金ホールで古典落語の「三枚起請《きしょう》」と「地獄八景」を演じた。それも合わせて1時間40分も。米朝師匠からは「長いなあ」とあきれられた。

新しいテレビ番組も『クイズ!年の差なんて』（フジテレビ）など何本か始まったが、どれもそう長くは続かなかった。

そして、ついにこの頃から体に異変を感じるようになった。自分では長年の疲れが原因だろうと思ったが、めまいを感じるようになった。念のため医者に診てもらうと自律神経失調症だと言われた。

それでも仕事を続けたが、だんだんと視界がせばまるようになり、手足が冷たくなって発汗するようになった。『三枝の爆笑夫婦』（日本テレビ）は平日昼の帯番組だったが、収録中に気分が悪くなって収録を止めてもらったこともあった。ほかの番組でも同じような現象が起きて、だんだんと番組は終わっていった。これは局の事情だけでなく私の事情でもあった。私はテレビに出るのが怖くなっていたのだ。

それだけでなく長く立っていることも、歩くことさえ怖くなって家に引きこもるようになっていった。でも、もうテレビカメラの前に立たなくていいと思うと嬉しかった。私はそれほど疲れていた。

発症後はとくに治療を受けることもなく自分の体をだましだまし生活したり、ときには仕事もしていたが、ほぼ完治するまで10年近くかかったと思う。

まさに禍福はあざなえる縄の如し。いいことのあとには悪いことがやってきた。

21

ここでもう一人どうしても触れておかなければならない人がいる。強烈な個性で落語界のみならず世の中も圧倒した立川談志師匠だ。

7歳上の師匠に初めてお会いしたのは『ヤングおー！おー！』だった。私が25歳の頃だったと思う。

師匠に引き合わせてくれたのは『ヤングおー！おー！』に構成作家として参加していた中田昌秀さんだった。中田さんはミナミの料亭の息子さんで、テレビ黎明期の頃、芸事好きが高じて制作プロダクションを立ち上げ、タレントも抱えていた。その後プロダクションをたたんで、構成作家のかたわら談志師匠の面倒も見ていた。今大阪に売り出し中の落語家がいるからと師匠に頼んで会わせてくれたのだ。

お会いした瞬間に圧倒された。談志師匠の第一声はこうだった。

「落語のことなら何でも聞きなよ。うまくなるように教えてやるよ」

この日をきっかけに師匠が大阪に来ると会いに行った。

カミソリの刃のような人で、大阪の落語界にはいない個性だった。なかなか自分で「俺は名人だ」とは言えないものだが、師匠は堂々と言っていた。落語は上手を通り越してすごかった。「蔵前賀籠」を聞いたときは言葉が見つからなくてうなってしまった。立て板に水を流すようにポンポンポンとテンポよくしゃべる「立て弁」は誰にもまねのできないものだった。

師匠には大変かわいがっていただいた。落語も「勘定板」をはじめいくつか稽古をつけていただいた。うまくなるコツもいろいろ伝授していただいたがうまくできなかった。師匠とは芸のレベルがまるで違っていたのだからできなくて当然だが。

「落語は業の肯定だよ」

師匠の落語理論についても話してくださったが、当時の私には難しくてついていけなかった。いまだ理解できていない。

師匠は何事にも断行的だったが、照れるとにやりと笑った。その差が魅力的だった。

あるとき師匠を入れて7、8人で飲みに行った。その中には中田さんも含まれていた。私は飲めるほうではなかったので酒にはあまり手を付けずにもっぱら話を聞いていた。師匠はとにかくよくしゃべった。

「きみは普段はあまりしゃべらないのかい?」

と師匠に聞かれた。

「いえ、そんなことないですけど、師匠のお話を聞いているのがおもしろいので」

「うまいこと言うね」

師匠は笑顔になった。師匠の笑顔は格別だった。普段笑わない人だから笑うとかわいらしかった。まるでいたずらっ子みたいな顔になった。枝雀兄さんはいつも笑っていたからまじめな顔になると怖かった。そんな顔になることはめったになかったけれど。

飲んだあと梅田の食堂のようなところに行った。師匠は店の格にはこだわらなかった。この店はよさそうだと思えばどこへでも入っていった。天満のガード下のさびれた焼き肉屋にも師匠のサイン入り色紙が飾ってあった。このあたりも落語家らしかった。

師匠はメニューを見て、

「俺、オムライス。みんなも好きなのを頼みなよ」

でも、誰一人メニューを見ようとしなかった。

「じゃあ、私もオムライス」

「私もオムライスにします」

「僕もそれで」

ここからがおもしろかったし、とても印象的だった。

「あのね、きょうは俺一人がオムライスを食いたいんだよ。別のものにしてくれない」

師匠が言うと、みなあわててメニューを見ながら順番に注文しはじめた。

〈おもろいなぁ、こんな発想する人。やっぱり落語家は独創的でないといかんのやなぁ〉

と心の中で思っていると私の番になった。

私はわざと「オムライス！」と叫んだ。

師匠は私を見て、一瞬目をむいたように見えた。

「師匠と同じものを食べたいんです」

「そうか。じゃあそうしろ」

師匠は笑いながら言った。

師匠は毒舌家だったが人を引きつける天才だった。そして、見事に相手の懐に入っていた。だから、親しい文化人も多かった。

東京で会ったとき、突然「横浜へ行こう」と言われた。行った先はＳＭ小説の巨匠Ｄ先生の家だった。

先生は将棋が好きで、ご自宅にはプロの棋士が何人も出入りしていた。いわば彼らのスポンサー的存在だった。

談志師匠に「きみは将棋できるのか?」と聞かれて「少しですけどできます」と言うと、「先生、こいつに教えてやってくださいよ」と。無茶ぶりだった。

見たこともないような立派な将棋盤の前に座らされて先生と対局したが、あっという間に負けてしまった。

談志師匠は「おいおい、気を遣うねえ」と言ってとりなしてくれたが、先生は機嫌がよかった。

「好きなのがあったらどれでも持っていってください」

と言って、私の前に段ボール箱を差し出した。中には重なり合って写真が入っていた。見るとどれもこれも縛られたり、ろうそくをたらされている女性の写真ばかりだった。家に持って帰っても置いておくところがなかったし、私にはその趣味はなかったので丁重に「せっかくですがけっこうです」と言って辞退した。

取りとめもなく談志師匠の思い出を書き記してきたが、師匠との思い出は山ほどあって本1冊では書き足りないくらいだ。

その中でも生涯忘れられない思い出として、談志師匠に言われた言葉がある。昭和58年11月13日、新宿紀伊国屋ホールで初めて「ゴルフ夜明け前」を聞いていただいたあとだった。

「よかったよ、三枝。創作落語を続けたらいい。創作落語は池に石を投げてできる波紋じゃない。ついに流れになった。よくやった」

師匠はこう言って私の肩をぽんと叩いてくださった。

しかし、師匠は私が「文枝」を継ぐということには断固反対だった。後年、文枝を継ぐべきかどうか思い悩んで相談に行くと、師匠は、

「やめとけ。三枝の名前を文枝より大きくしたんだからわざわざ小さくすることはねえじゃねえか。三枝のままでいけよ」

しかし、私は一門のため、上方落語のためにも文枝の名前を継がなければならなかった。

そして、平成23年7月16日に六代桂文枝を襲名する会見を行うことになった。

当時談志師匠は平成20年に発症した癌が再発して入院中だった。会見を行う前に、文枝を襲名する旨をある人を通じて師匠にお伝えした。すると師匠からＦＡＸが届いた。

「人生成り行き　三枝より文枝のほうがよくなったのか　じゃあ仕方がない　勝手にしろ
三枝のバカヤロウめ」

と書いてあった。ミミズがはったような字だった。ベッドに横たわったまま力を振り絞って書いてくださったに違いないと思うと涙が止まらなかった。

会見から4カ月後の11月21日、師匠はお亡くなりになった（享年75）。

私は談志師匠に背いたことを、そして、六代桂文枝を襲名することを後悔しないよう頑張らないといけないと心に誓った。

22

子供の頃、超大型の台風に遭った。大火事も経験した。積んであった材木が突然崩れ落ちてきたこともあった。2階から落ちたこともあった。台風で垂れ下がった電線に触れて吹き飛ばされたこともあった。死にそうな目に何度も遭ってきたが、また同じような目に遭うことになるとは……。それは何の前触れもなく突然襲ってきた。

平成7年1月17日午前5時46分、阪神淡路大震災が発生した。このとき私は52歳だった。

この頃には10年ほど前に発症した自律神経失調症はようやく完治していた。

いちばん症状がひどかったときは、石畳やコンクリートで舗装された道を怖くて歩けなかった。だから、歩かなければいけないときは道のいちばん端っこを転ばないように恐る恐る歩いていた。

自律神経失調症は、もちろん薬による治療や休養も必要だけど、いちばん大事なのは本人が開き直れるかどうかだという気がする。そういう意味では、

「こけて頭打っても死なへんて」

という妻のひと言がいちばんの特効薬だったかもしれない。妻の言葉を聞いて私は、なるほどと思って開き直ることにした。それがよかったのではないかと思っている。

そして、病気が完治したことでテレビの仕事を何事もなくこなし、創作落語も順調につくれるようになっていた。

その矢先の大地震だった。

その日は火曜日で『新婚さんいらっしゃい！』の収録日だった。当時私は妻の父親が見つけてくれた池田の一軒家から、同じ池田の五月山に居を構えていた。2階建てでいちおう鉄筋の家だった。

私は下の階に寝ていた。収録のある日は午前8時頃に起床して、朝食を済ませて9時頃に家を出るのが常だった。

就寝中に突然ドドドドっと下から突き上げられて目が覚めた。まるで削岩機を下からじかに当てられたような感じだった。何が起きたのかすぐにはわからなかった。それでも飛び起きて、大声で「大丈夫か？」と家族に声をかけながら、外に飛び出せるように玄関のドアを開けた。

大きな揺れが何度も襲ってきたけれど、幸いわが家は無事だった。

何はともあれ私は出かける仕度にとりかかった。そのとき電話が鳴った。よく電話が通じたと思う。電話はテレビ局からだった。

「今日の『新婚さん――』の収録は中止です。いつも収録しているホールの照明のバトンが落ちて収録できなくなりました」

仕事は中止になったがどんな状況か知るために車で大阪に向かった。道すがら倒壊したビルや亀裂が入った道路を目の当たりにして、未曾有の大地震だったことがよくわかった。

それでも仕事をこなさなければならなかった。さすがに大阪や兵庫での仕事は中止になったが広島で独演会があった。そこで、飛行機でいったん四国へ渡り、そこから広島に行ったような気がする。気が動転していたから当時のことはよく覚えてないのだ。

大震災から数日後、吉本の劇場で集めた義援金を船で神戸市役所まで届けに行った。港に車が浮かんでいたり、高速道路が横倒しになっていたり、銀行と思われるレンガ造りの建物が瓦礫《がれき》の山になっているのを見ながら市役所に向かったが、先の戦争で戦禍に見舞われた都市や街はこうだったに違いないと思った。

私は終戦時2歳で、しかも、田舎にいたから焦土と化した都市や街のことは知らなかったが、戦争の悲惨さを肌で感じたような気がした。同時に先の戦争や大正12年9月1日に発生した関東大震災を乗り越えてきた芸人さんたちの話を思い出した。

人生いつ何が起きるかわからない。阪神淡路大震災によって改めて思い知らされた。私にとって阪神淡路大震災はそういう意味合いもあった。そして、日々精進して生きているうちにやれることをやっておかなければならないと強く思うようになった。

今のうちに創作落語をつくって後世に残したいという気持ちが強くなり、うめだ花月で毎月「桂三枝創作落語１２５撰」を始めることにした。

これは毎月、創作落語を三席かけるというもので私にとって大仕事だった。しかも、１２５の噺をすべてＣＤに残すことになったから息を抜くことは絶対に許されなかった。

平成12年3月17日「創作落語１２５撰」の第1回目がスタートした。当時56歳だった。

毎月3席として1年で36席。１２５に到達するには3年4カ月かかる。ゴールした時点で昭和18年7月16日生まれの私は還暦を迎える。それを念頭に置いた「創作落語１２５」だったが、これは私にとって長くて過酷なレースの始まりだった。

23

平成13年の12月1日から24日まで、名古屋御園座で朝丘雪路さんの芸能生活50周年記念公演「出囃子女房　人生スチャラカチャン」に出演した。大きな劇場で、しかも1カ月近い公演は初めてだった。

朝丘さんと初めてお会いしたのは私が家政夫役で主演したテレビドラマで、朝丘さんは派遣先の女流作家の役だった。これがご縁で出演依頼が来たのかもしれない。「創作落語125撰」もあって日々多忙を極めていたけれど、もともと芝居が好きだったし、脚本もおもしろかったのでお引き受けすることにした。付け加えると、公演が大阪から新幹線で約1時間の名古屋だったことも幸いした。

朝丘さんの役は寄席のお囃子さんで、私は浮気者で好き勝手している売れない落語家だったが、脚本家にお願いして名前を「文三《ぶんざ》」にしてもらった。

この名前は、実は小文枝師匠に入門したときに付けてもらいたかった名前だったが、その頃、実際に文三という芸名の落語家がいなかったので役名にすることができた。

公演初日にはこんなことがあった。舞台の最後は、年老いて丘の上で死んだ文三があの世で落語を披露する。落語を終えると私はそのままの状態で奈落に降りていく。そして、舞台に残された年老いた朝丘さんが「あんさん、わてはこれからあんさんの分まで生きてゆきまっせ」と言って幕になるという筋書きだった。ところが私は、自分が奈落に降りていくことを知らなかった。

それというのも、初日前日の稽古で、文三が死んであの世で落語をやるところまではわかっていたが、スケジュールの関係で稽古を途中で切り上げて大阪へ戻ることになったため、その先のことがわからなかった。だから、落語を終えて客席に向かって頭を下げたとたん、私のいる舞台が下がりだしたので驚いた。

てんやわんやの1カ月だったが、出演者一同和気あいあいでとても楽しい舞台だった。

ちなみに私が演じた文三の父親役は長門裕之さんだった。舞台が終わって、私が大阪に戻らなくていいときには何度か飲みに連れていっていただいた。また、公演中には奥様の南田洋子さんがたいそうな差し入れを持って何度も陣中見舞いにお見えになった。

お二人には忘れられない思い出がある。

番組名は忘れたが、お二人と一緒にレギュラー解答者だった番組があり、それが出会いだった。とても気に入っていただいて、東京のご自宅にも何度か寄せていただいた。

「三枝ちゃん」。南田さんにはこう呼ばれた。晩年認知症を発症されたが、いつも明るくて、楽しい方だった。

「裕ちゃんに似てるの」

どこから見ても石原裕次郎さんとは似ても似つかない私を「似ている」と言ってくださった。光栄だったが恐縮した。

「三枝ちゃんに初めて会ったときにね、なんか風を感じたのよ。裕ちゃんと初めて日活の撮影所で会ったときもそうだった。さっと風を伴って入ってきたような気がしたの」

あるとき私が、落語を覚えなければいけないのに時間がなくて思うように落語ができない。テレビでの口調と古典落語の口調が合わなくなってきているなどと悩みを打ち明けると、長門さんは、

「テレビの仕事も立派な仕事だし、司会者として十分やっていけるんだから、落語にこだわることはないんじゃないか。それよりいちばんいけないのは落語も、司会も、役者もすべて中途半端になることだ」

たしかにそうだった。私は長門さんの言葉を聞いてから日々悶々とした。役者はともかく落語を取るべきか、それともテレビの仕事を選ぶべきか思い悩んだ。

そして、ひと月ほどして、

「やはり落語を続けます。続けていけばいつか答えが見つかるでしょうし、見つからなくても好きで始めた落語ですから途中で投げ出せばあとで必ず後悔します。たとえテレビの仕事が減っても仕方がありません。これからもダメ元だと思って、死ぬまで落語に食らいついていきます」

長門さんは黙って私の話を聞いていた。そして、

「それならもう迷うな。男だったら二度と弱音を吐くな。最後までやり遂げろ」

それから1カ月ほどして長門さんから私の紋（結三柏《むすびみつかしわ》）入りの高座用座布団が5枚自宅に送られてきた。

〈粋なことをする人やなぁ〉

映画畑で育った人はさすがにすることが違うと感心すると同時に、長門さんのご厚意に心の底から感謝した。

長門さんには舞台のこともいろいろ教えていただいた。たとえば、花道の途中でどう立てばいいのか質問すると丁寧に教えてくださった。生き字引のような人だった。


朝丘さんの芸能生活50周年記念公演は名古屋を皮切りに各地で行われた。途中で演目が変わって「元禄夢一座」では、近松門左衛門の弟子で一座の座付き作家だけど、実は赤穂浪士という役をやらせていただいた。

「元禄夢一座」は新宿コマ劇場や梅田コマ劇場でも上演された。新宿コマでの舞台稽古のときにはこんなことがあった。

私が演じる座付き作家こと赤穂浪士が討ち入りを前にして朝丘さん扮する女座長に別れを告げる場面だった。そのとき舞台の一部が奈落に降り始めて、知らずに近づいた私は落ちてしまった。

幸い降りかけたばかりで大事にはいたらなかったが、稽古のあとで朝丘さんに、

「危ないですよね。降りていたのを知っていました？」

「知っていたわよ」

「何で言ってくれなかったんですか？」

「だって、言う前に落っこちていたのよ」

「………」


美人画で知られ、日本画壇の重鎮だった故・伊東深水さんを父に持つ朝丘さんは、幼少の頃からお父さんに溺愛されて、お嬢様として育った。それだけにおっとりとしていて、しかも、われわれとはちょっと感覚的に違うところがあって、おもしろい人だった。

長門さんは私が六代桂文枝襲名の会見をする2カ月ほど前に突然亡くなった（享年77）。亡くなる2年前には愛妻の南田洋子さんを亡くされて、長門さんは気の毒なくらい気落ちしていた。

訃報を聞いてご自宅に駆けつけると朝丘さんがいた。ご存知のように朝丘さんのご主人津川雅彦さんは長門さんの弟で、朝丘さんにとって長門さんは義理の兄だった。

「三枝さん、こちらへ」

長門さんの遺体のそばにいた朝丘さんが私を手招きした。遺体のそばまで行くと朝丘さんは、長門さんの顔を覆っていた白い布を取って「触ってみて」と言った。私の手を取りながら。正直あまり気が進まなかったが長門さんの顔に触れた。

「お兄さん、冷たいでしょ?」

もちろん冷たかった。あたりまえのことをなぜ聞いたのか不思議だったが、朝丘さんらしいと思った。

朝丘さんと久しくお会いしていなかったので、どうしておられるかお弟子さんに近況を聞いたことがあった。

「元気ですけど、最近は寝ていることが多いです。枕元に長谷川一夫先生や、新派でお世話になった柳永二郎さん、お父様の写真を置いてよく手を合わせています。三枝さんの写真もありますよ」

朝丘さんにはこれまでたいへんお世話になったし、とてもかわいがっていただいた。いつまでもお元気でいていただきたいと願いつつ、改めておもしろい人だなと思った。

そしてその後、朝丘さんも、ご主人の津川さんも彼岸に旅立たれた。つらくて哀しい現実と向き合わなければいけなかった。

24

「創作落語125撰」がようやく100を超えた頃、上方落語協会で同期の桂春之輔（現四代目桂春団治）さんが私の個人事務所にやってきた。そして、いきなりこう言われた。

「上方落語協会の会長になってもらえまへんか？」

そう言われてもなれるものでないことはわかっていた。

当時協会の事務所は、なんば花月から歩いて5分ほどの古いビルの2階にあった。しかし、私はほとんど足を運んだことがなかった。

協会の理事会は毎週火曜日の午前10時頃から行われていたが、その時間には毎回『新婚さんいらっしゃい！』の収録があったので私は出席できなかった。ときには私が出席できないようあえてその日にしているのかと思ったこともあったが、仮に出席が可能だったとしてもあまり参加したくはなかった。

でも、小文枝師匠が会長だったときには可能な限り顔を出すようにした。師匠は金銭的にも、人間関係の面でもクリーンな人だったから、私としてはできるだけ長く会長を続けてほしかった。そこで、われわれ弟子一同何でもしますのでぜひ続けてくださいと何度もお願いしたがすぐに辞めてしまった。

そのころの会長は誰かが「○○さんを」と言うと毎回満場一致で決まっていた。そして、国から支給されるわずかなお金を自分たちの都合のいいように使っていた。そんな私物化されたような協会にはかかわりたくなかったし、それより何より私は自分のことで精一杯だった。

でも、春之輔さんは引き下がらなかった。

「このままではどうしようもおまへんがな」

「けど春さん、上の人間が勝手に決めてるのやから」

「そやから昔のようにもう一度選挙制度にしまんねん」

「春さん、それは至難の業《わざ》やで」

当時の協会の執行部は、上方落語協会を社団法人化したいと目論んでいた。それには協会に一定のお金がないといけないということで協会員たちにお金を預けるよう言ってきた。私はいちおうまとまったお金を出したが、10年たってもなぜか社団法人にはならなかった。

何がどうなっているのかわからなかった。六代目笑福亭松鶴師匠が健在ならば状況は違っていたはずだが、師匠はすでに他界されていて、協会はあたかも無法地帯のような体をなしていた。

「このままでは上方落語協会はつぶれてしまいまっせ」

何をもってそう言っているのかわからなかったが、このままでは上方落語は、漫才やほかの芸に飲み込まれて存在感を失っていくことだけは明白だった。

でも、私は相変わらず花月の舞台に立っていたので、正直言って協会なんてどうでもよかったのだ。

「みんなから集めたお金も宙ぶらりんやし、このままでは上方落語は消滅しまっせ。そうでっしゃろ？　将来のためにも改革せんと。頼んますわ、会長になっとくれなはれ」

「消滅はせえへんやろうけど、どうせ会長の任期切れのときには『この人を』と言う人がいて、その人になるのに決まっているがな」

「そやからそのときに『選挙制度にしませんか』言うて互選で決めまんねんがな」

「それを今の縦割りの世界で言えるか？　そんなことが」

「わたい言いまっせ。そのかわり選挙で選ばれたら会長になっとくんなはれや」

「選挙になってもし選ばれたら、そらなるしかないけど選挙制度にするのが難しいがな」

「理事会か総会で、選挙にするかどうかの選挙をしてもらいまんねん」

「ややこしいな」

「そらしょうおまへんがな。選挙になったら票固めしまっさかい頼んまっせ。とにかくでんな、このままでは上方落語はなくなりまっせ」

それから半年後に選挙制度は復活した。協会の上層部は面白くなかったに違いないが、それでも選挙制度が復活したのは多くの協会員が改革を求めていたからだと思う。

そして、選挙が行われ、平成15年7月23日、私は上方落語協会第6代会長に就任した。選挙で選ばれたのだ。

それから約3カ月後の10月7日、「創作落語125撰」は無事ファイナルを迎えることができたが、一息入れる間もなく私には上方落語協会の会長としての仕事が待ち受けていた。苦労の種は一生尽きんなぁと思った。

気がつけば満60歳になっていた。母をだまして落語家になってから37年の歳月が流れていた。

「師匠、私も還暦になりました」と桂米朝師匠に報告すると、師匠はしみじみと「還暦か……落語家としてはこれからやなぁ」とおっしゃった。

還暦とは干支《えと》が一回りして生まれ変わるという意味だが、これは落語家としての人生にもあてはまる。「創作落語125撰」は完走したし、さてこれから何をやろうかと考えたが、まずは、風通しのいい協会を目指して新しい組織作りに取り組んだ。

協会職員の中には不平不満を口にする人もいたが、私が言うことを理解して付いてきてくれる人もいた。そういう人には残ってもらい、不服な人には辞めてもらった。協会が生まれ変わるためには必要なことだった。さらに、社団法人化の名目でみなから集めたお金も返すことにした。

すると「あれは寄付してもらったお金ですから」と私に食ってかかった事務員がいた。

実は、彼は旧体制の中心人物だった。彼にも辞めてもらって、お金はすべてみなに返した。私としては、お金に関して不明瞭なことはしたくなかったのだ。

そして、各方面に働きかけた結果、10年かかっても実現できなかった上方落語協会の社団法人化にもこぎつけることができた。

平成16年8月25日、当時の河合隼雄文化庁長官から社団法人の認定書をいただき、私は社団法人上方落語協会の会長になった。

でも、会長としての仕事はまだ始まったばかりだった。

25

「『大阪のどこに行ったら落語が見られまんねん?』て聞かれて困るわ。毎日のようにあっちこっちで落語会はあるけれど、どこへ行ってと言われへんよってになぁ」

こんなことを言う落語家がいた。でも、私は別段気にも留めなかった。というのも私は相変わらず花月に出ていて舞台には困らなかったし、自分で独演会を開いたり、二人会に呼ばれることも多かった。

そんなある日、風邪の治りが悪かったので梅田の病院で診てもらうことにした。

「念のため胸のレントゲンを撮りましょう」

と医者に言われてレントゲン室に向かう途中、案内してくれていた看護師さんが話しかけてきた。30歳過ぎの明るい女性だった。

「私、お笑いが大好きなんですよ。生まれは千葉県ですけど、大阪のお笑いを見たくて、大阪の病院を探してここに就職したんです。こっちに来てからは病院の行事にはいっさい出ないで、しょっちゅう若手の漫才コンビのイベントに通っています」

彼女は、どのコンビがおもしろいとか、将来性があるとか話を続けた。

「落語も若いのが頑張っていますから見てくださいよ」

「もちろん見たいですけど、どこでやっているんですか？」

答えることができなかった。

それから私は戦後60年近く大阪には絶えて存在しない落語専門の定席づくりに奔走することになった。

これは過酷な挑戦だった。定席はあるに越したことはないが、お金はどうやって調達するのか？　場所はどこにするのか？　など問題というより難題が山ほどあった。

お金に関しては大阪府から援助金が出ることがわかった。

場所についてはシャッターが下りた商店街を見て回った。定席に適した大きさの空き店舗はいくつかあったが、どの商店街も人通りはとても少なかった。これでは寄席ができたとしても客は足を運んでくれないかもしれない。

困り果てていると「日本一長い商店街」と言われる天神橋筋商店連合会の土居年樹会長から、

「天満宮の宮司さんが、本殿裏の駐車場になっているところを貸してもええ言うてはりまんねん。そこは天満八軒言うて戦前は寄席小屋がひしめいていてなかなかにぎやかなところでしてん」

という話をいただいた。

調べてみると、天満八軒では、吉本を創業した吉本吉兵衛・せい夫婦が八軒のうちのひとつ第二文芸館を買い取って、その後、天満花月としたことがわかった。天満は吉本発祥の地だったのだ。

私は、若手の落語家の勉強と育成の場にしたいと言って吉本に許可をもらい、建築費を捻出するためにいろいろアイデアを考えた。

その一つが寄席に吊るす提灯《ちょうちん》に、お金を寄付してくれた人の名前を入れることだった。これは大当たりした。また、寄付金集めの落語会も数多く開いた。それに、私の人脈を生かして寄付を募りもした。府庁の生活文化課にいた大学の同級生が奔走してくれたおかげで大阪府から援助金も支給された。

過酷な道のりだったがみなさんのご厚意によって平成18年9月15日、落語の定席「天満天神繁昌亭」がオープンした。

開場の日、私は三代目桂春団治師匠を赤い人力車に乗せて商店街を練り歩いた。しかし、残念無念なことに私の師匠には繁昌亭を見てもらうことはできなかった。

それは繁昌亭が完成する1年半ほど前のことだった。突然師匠の五代目桂文枝が倒れたのだ。

最初は腰が痛いということだったので、私が診てもらっている医者を紹介した。そのとき師匠は何でもないというようなことを言っていたが、そうではなかった。時間を追って記すと、倒れる1年ほど前、落語会で師匠に会ったとき、おなかが異常に膨らんでいるなと思った。

「師匠、太りましたか？」

と聞くと、

「そうやねん。ちょっとビールの量が増えてるのや」

そのときは、そうかと思った。私が入門した頃の師匠はほとんど飲まなかったが、飲む量はだんだんと増えていた。それにしてもずいぶんおなかが膨らんでいるなぁと思ったが、それほど気にはしなかった。あとでわかったことだが、腹水がたまっていたのだ。

そして、年が明けた1月。奥さんから師匠の病名を告げられた。癌だった。

奥さんから、師匠には絶対に内緒にしてほしいと言われた。また、誰にも知らせないでほしいとも言われたが、師匠に悟られないよう弟子たちが順番にお見舞いに行くことは許していただいた。みな師匠にお別れをしたいはずですからと奥さんに頼み込んで。

当時師匠には私を入れて20人近い弟子がいた。私は千日前のMというビアレストランの一室にみなに来てもらった。

師匠の入院先は三重県の伊賀上野だった。大阪から車で2時間近くかかったが、それが幸いした。弟子以外に知られることがなかったからだ。

私は集まってくれた弟弟子たちに、

「これから話すことは絶対に口外しないでほしい。身内の者にも内緒にしておいてもらいたい」

と前置きして、

「実は医者から、師匠が末期の癌で余命半年だと言われた。みんなには順番にお別れに行ってもらおうと思う。実は、奥さんの意向で病気のことは師匠に秘密にしてある。あくまでも腰の治療で入院加療ということになっている。だから、師匠に悟られないよう、こちらの指示に従ってお見舞いを……頼みます」

話しながら私は涙声になっていた。みなも嗚咽を漏らしていた。

「師匠の前で涙を見せたら絶対あかんで」

と言うのも泣きながらだった。

師弟というのは何やろうと思った。私にとって、師匠は実の親ではないけれど親以上の存在だった。

私は弟弟子の桂きん枝君とたびたび師匠のもとを訪れた。

最初に訪れた頃、師匠はまだ元気だった。入院前に受けた仕事はどうするかとか、入院中に亡くなる落語家がいたら自分の名前で供花《きょうか》を出すようにとかいろいろ指示された。それをみなで行った。弟弟子たちは本当によく動いてくれた。

「師匠が温泉に行きたいと言うてまんねん」

見舞いに行った弟弟子から連絡を受けて、みなと一緒に師匠を連れて病院から近い温泉に行ったことがあった。師匠は温泉が好きだった。

弟弟子たちはパンツ一丁になって、浴場にあった椅子に師匠を座らせて、そのままの状態で温泉に入れた。その温泉は椅子に座ったり、ベッドに寝たままの状態でも温泉に入ることが可能だった。

そのあと温泉の施設内の和風レストランで宴会になった。師匠は寝たままの状態でマイクを持って挨拶した。

「早く元気になってまた舞台を務めるから待っててや。みんな、きょうはありがとう」

絞り出す声が痛々しかったが、誰も涙は見せずにわあわあ言いながら冗談を言い合った。

こんなことができるのも落語家だからやなぁと妙なところで感心した。

師匠の最後の舞台は大阪市中央区の高津神社で行われた落語会だった。私は行けなかったが、弟弟子に抱えられながら高津神社を歩く師匠の写真が残っている。

最後の噺は高津神社を舞台にした「高津の富」だった。立っているのもしんどい状態で30分以上の、しかも力のいる噺を見事に演じきったと聞いて驚いた。

温泉に連れていったとき、師匠は死期を悟っていたのか、それとも最期まで知らなかったのか。この点は今でも弟子たちの間で意見が分かれている。


師匠はいったいどういう人だったのか。上方落語の火が消えかかっていた昭和22年に四代目桂文枝に弟子入りして精進を重ねて、やがて昭和の上方落語四天王の一人にまでなった。メディアにはあまり登場しなかったが大阪の落語界ではとても大きな存在だった。

先日師匠が得意にしていた「愛宕山」をやったが、同じように演じているつもりでもなかなか師匠のようにはいかなかった。改めてすごい人だったと思った。それに、あれほど女性に好かれたというか、もてた芸人は後にも先にも見たことがなかった。

師匠が高座に上がると舞台の袖にそっとやってきて、師匠を見つめる女性の芸人が何人もいた。

落語もしっとり、ねっとり、艶やかに上方の雰囲気を醸し出していた。私も含めて今の時代には師匠のまねをできる落語家は一人もいない。

師匠は平成17年3月12日、思っていたよりずっと早く帰らぬ人となった（享年74）。

師匠の葬儀は誰よりも立派に、参列する人はもとより奥さんや息子さんたち、親族の方たちにも、師匠がどれだけすごい人だったかわかってもらえるようなものにしたかった。それがせめてもの恩返しだと思った。

葬儀の当日、こんなことがあった。私は知り合いの制作会社の社長に頼んで、師匠の人生をたどるビデオを作ってもらい、葬儀の前に斎場で流すことにした。

そこで、きん枝君に師匠の家から写真を借りてきてもらうことにした。その中に師匠がどこかの劇場の前でワンピースを着た若い女性と二人で写っている写真があった。

師匠の奥さんは独身時代、劇場のチケット売り場にいて、それが縁で師匠と結婚したと聞いたことがあった。

「この女性、奥さんか？」

きん枝君に聞くと、

「間違いおまへん」

「こんな美しかったんか」

「ライバルが3人いたと師匠が言うてはりました」

「そうか、この写真を使おう。いかにも未来を夢見てる若い噺家の写真やがな」

写真を制作会社に持っていく前に、念のため奥さんに確認しようと思って、師匠の家に立ち寄った。

眼鏡をかけて、写真を見るやいなや奥さんは叫んだ。

「うちと違うがな！」

こんなハプニングもあったが、自分が参列したどの葬儀よりも立派な葬儀で師匠を送ることができたと思っている。


平成18年11月、紫綬褒章を受章し、妻同伴で皇居に参上して天皇陛下に拝謁《はいえつ》した。この日は文字通り雲の上にいるという感じで、どこで、どのようにして褒章をいただいたのかほとんど覚えていない。しかし、翌年の10月25日、秋の園遊会にお招きいただいた日のことはよく覚えている。

平成19年には、海外での落語の公演を評価していただいて平成19年度外務大臣表彰、第55回菊池寛賞もいただいて、64歳にしてようやく落語家であることを自覚できるようになった。また、この頃には創作落語も２００に迫る勢いで「妻の時間」「宿題」「生まれ変わり」「読書の時間」「誕生日」など今やほかの落語家さんもやっている噺を数多く創ることができた。平成19年に限って言えば「赤とんぼ」をはじめ14本も創作落語を創った。

秋の園遊会は東京の赤坂御苑で行われ、妻同伴で出席して再び天皇陛下に拝謁した。

指定された場所でお待ちしていると天皇皇后両陛下、皇太子殿下、秋篠宮様をはじめ皇族方がお見えになり、皆様からお声をかけていただいた。お言葉の内容は差し控えるが、それぞれおっしゃること、お聞きになることが違っていて驚いた。

天皇陛下に拝謁して、ついにこの日が来たのかと昔を思い出していた。

おっちゃんの家にいたとき、母に箸《はし》の持ち方をとがめられ、

「いつか天皇陛下様と食事をするときがあるかもしれへんから」

と言って箸箱でたたかれた晩のことを思い出した。食事はかなわなかったがお声をかけていただいた。

当時母は87歳。まだ認知症は発症していなかったが、出歩いたり、口うるさく言うことはめっきり減って、もの忘れが激しくなり始めていた。

文枝師匠が亡くなって5年がたち、そろそろ私に六代目を、という話が持ち上がった。

落語界では一門のみならず桂、林家、笑福亭、三遊亭、春風亭といった同亭号の最高位を「止め名」と言う。幕末の初代桂文枝に始まる「桂文枝」という名跡は上方落語界における、まさに止め名だった。正直言って、私には荷が重かった。

師匠は小文枝が長かったが、周りの勧めで平成4年に五代目桂文枝を襲名した。このときは一門一同で盛り上げた。私も今が親孝行、恩返しをするときだと思って弟弟子たちとともにおおいに奔走した。

ぶしつけだと思ったが、師匠になぜ五代目を襲名したのか聞いたことがあった。師匠は「自分は小文枝に愛着があったので文枝を継ぐのは……」と言葉を濁しておられたが、四天王に名を連ねる立場としては、やはり「文枝」のほうが収まりがいいと考えて五代目襲名を決断されたのだろう。

師匠は「小文枝に愛着があった」と言ったが、私も同じくらい、いや、それ以上に桂三枝には愛着があった。

もちろん師匠が付けてくださった名前だったが「鳩に三枝の礼あり」という諺が

ある。鳩は親鳩に敬意を表して、親鳥より3本下の枝にとまる。礼儀を重んじるべきというたとえであり、さらに言うと「親孝行すべき」というたとえだった。

そこで私は、名付け親である師匠に何とか報いようと『ヤングタウン』を足場に積極的にマスコミに進出した。名前を知ってもらおうと幅の広い名刺を特注して、普通の名刺と重ねるとはみ出すところに「桂三枝」と書いたりもした。葉書にもお金を使った。いろいろ工夫をしながら、数多くのテレビ番組を掛け持ちし、倒れることもいとわず体を酷使して頑張ってきた。自分の名前を知ってもらいたい一心だった。その甲斐あって桂三枝の名前は全国津々浦々に知れ渡るようになった。その名前を捨てることはとても勇気のいることだった。

その一方で、上方の落語界において桂文枝はいちばん大きな名跡のはずだったが、私の師匠は性格的にマスメディアにあまり登場するする人ではなかった。それゆえ世間的には四天王の中でいちばんには扱われていなかった。わかりやすく言うと六代目笑福亭松鶴師匠、三代目桂米朝師匠、三代目桂春団治師匠に比べると知名度はいささか低かった。

私には、もう一度桂文枝を大きな名前に戻したい。上方落語のかなめの名前として存在を示したいという思いがあった。

　上方落語協会も平成23年4月に内閣総理大臣の認定を得て社団法人から公益社団法人に移行して、繁昌亭の客も定着していた。ここで文枝を襲名すれば、世間の注目をさらに集めて繁昌亭にも、上方落語界にもプラスになるのではないかと思った。

　また、私は師匠の総領弟子だったが三枝のままではできないこともあった。

　たとえば、文枝一門には初代文枝から枝分かれしたいくつかの名跡がある。このうちのひとつを、ほかの一門の師匠から自分の弟子に継がせてもらえないかと頼まれても、私の立場では返事のしようがなかった。同じことが一門の持ちネタにも言えた。一門の持ちネタをほかの一門の落語家がやる場合には、ネタの持ち主である一門の師匠の承諾を得なければならないという不文律がある。しかし、三枝の立場では、文枝一門のネタをやらせてもらえないかと問われても返事ができなかった。

　さらに一門の弟弟子が万が一不祥事を起こしたとしても、師匠でない私にはしかるべき処分を下す資格はなかった。

　それやこれやで文枝を襲名するかどうか思い悩んだが、私の気持は襲名する方向へ傾いていった。

そんな私の心の中に一つだけ引っかかるものがあった。はたして私でいいのだろうか……ということだった。

師匠は死の床にあっても次の文枝は誰にと明言はしなかった。人づてに「次は三枝に」という話は聞いたことがあったが、直接言われたことはなかったし、師匠は桂きん枝君をかわいがっていた。師匠にはきん枝君に継がせたいという思いがあったのかもしれないと思った。その一方で、師匠は後継者を選ぶ際に私情をはさむような人ではないとも思った。

今となっては師匠の気持ちを確かめることはできないが、桂文枝の名を汚さぬよう精進して、止め名にふさわしい存在にすればきっと師匠も喜んでくれるに違いない。そう考えて六代目を継ぐことにした。

しかし、妻はかたくなに反対した。

「私は『三枝』と一緒になったんですよ。三枝の名前を大きくしたいと思って私もこれまで頑張ってきたんです」

と言って、襲名には断固反対だった。妻の気持ちは痛いほどわかったが、私の決断と決意はいささかも変わらなかった。

そして私は、妻と一緒に母が入院している施設を訪れた。母はすでに認知症を発症していた。

六代目を襲名することは私ではなく妻の口から告げた。

「お母さん、主人がね『三枝』から『文枝』になるんですよ。これはね、落語家としてたいへんなことなんです」

母はじっと私と妻の顔を見ていたが、頭の中には三枝も、文枝も存在していなかったと思う。ただ一人「河村静也」がいるような気がした。

私にずいぶん寂しい思いをさせた母だったが、母も同じように、いや、母親として私以上に寂しい思いをしたのかもしれない。でも、私を抱えて生きるためにはこの方法しかないと考えて、心の中で泣いていたのかもしれないと思った。


平成23年7月16日、東京のホテルで六代桂文枝を襲名するとの発表会見を行った。なぜ「六代」にしたかというと、上方落語界では「六代目」は笑福亭松鶴師匠を指していたからだ。

一門一同もろ手を挙げて歓迎し喜んでくれた。所属の吉本興業もプロジェクトチームを作って襲名を全面的にバックアップしてくれることになった。

こうなった背景にはきん枝君の存在があった。彼は、私や一門と吉本の間に入って事を進めるために日夜奔走してくれたのだ。

27

話は前後するが、六代目襲名を決意する少し前から私は、上方落語協会の会長として新たな仕事に取り組もうとしていた。

繁昌亭の客の入りは開席以来すこぶる順調で、協会の口座にはかなりの蓄えができた。このお金を協会のために有効に使えないものかと考えて、たどり着いた先が上方落語協会の会館の建設だった。

それというのも当時協会は、なんばの古いビルにあった事務所を引き払い、繁昌亭の中や、繁昌亭に近い複数のビルに4部屋ほど借りて資料室や稽古場にしていた。その家賃だけでも毎月それなりのお金が出ていったし、繁昌亭が建っている土地は大阪天満宮から15年の契約で借りたものだった。だから、何かあれば更地にして返さなければならなかった。つまり、繁昌亭はその名の通り繁昌を極めていたけれど、当時の協会には次の世代に残せるものが何もなかったのだ。

不測の事態に備えて積み立てはしていたが、何かあったら繁昌亭も、上方落語協会も居場所を失ってしまう。

そこで私は、まず土地探しから始めた。協会の事務職の人たちが行き来しやすいよう繁昌亭周辺の土地を探した。大学の先輩に不動産に詳しい人がいたので、その人にもお願いした。このときも、学校の先輩に不動産関係の仕事をしている人間がいると言って、きん枝君は奔走してくれた。

そうこうするうちに繁昌亭から大阪天満宮を抜けて少し行ったところにいい物件が見つかった。以前呉服屋さんがあった土地の一部を売りたいということだった。環境的にも申し分ない場所だったので、即断即決して買うことにした。上方落語協会が発足してから初めての大きな買い物であり、初めて手に入れた資産だった。

さて、この土地にどんな建物を建てようか。阪神淡路大震災を体験した私は大きな震災で瓦礫の山になるような建物では困ると思った。同時に、あれだけの大地震に私の家が耐えられたのは鉄筋コンクリートだったからだと思った。そこで、まず鉄筋コンクリート造りの建物にすることにした。

私は繁昌亭を建てる際、落語そのものの伝統に重きを置いて、芸術的で、近代的な建物にしないでほしいと建築の方にお願いした。大阪天満宮に近いということもあった。

しかし、今回は未来永劫とはいかないまでも未来につながる建物を建てたいと思っていた。それも世界的に有名な建築家の方にお願いして。物件を探す過程で、私の頭の中にはある建築家の名前が浮かんでいた。

それは、日本が誇る建築家・安藤忠雄先生だった。

幸い先生とは以前から面識があり、かわいがっていただいていた。先生の事務所は私の個人事務所から近かったし、小栗康平監督の名作映画『泥の河』は、ＤＶＤ化されたものを先生の事務所で見た。

さっそくアポイントをいただいて先生の事務所に乗り込んだ。

「先生、土地は手に入れました。ここに未来につながる協会の建物を建てたいと思っています。ただし、手元にあるお金はこれだけです。たいへん厚かましいお願いですが、何とかお力を貸してください」

「そうか、しゃあないな。あんたとは古い付き合いやし、こんな感じのもんはどうや」

と言って、先生は手元の紙に建物のデッサンを描きだした。

「先生の思うとおりにやってください。お任せします。大きなものを手掛けてこられた先生に、こんな小さなものをお願いするのは心苦しいのですが」

「いやいや、始まりは住吉の長屋やったから小さいのも作りたかったんや」

そして、

「ただでやったろ。噺家やから金取ったらあとで何言われるかわからへんならなぁ」

と言って、先生は豪快に笑った。何と世界の安藤忠雄が無料で引き受けてくれたのだ。

「ただし、ただということは内緒にしといてや。あっちこっちから言われたらかなわんからな」

でも、後日「頼まれてただでやった」と先生がおっしゃっていた、と人づてに聞いたことがあった。

工事が始まると建築会社から定期的に現在どの工程まで作業が進んでいるかを示す写真が送られてきた。このあたりも先生の仕事は完ぺきだった。

私は仕事の合間を縫って、食べ物や飲み物持参で何度も建築現場に足を運んだ。行くたびに、これはすごい建物だ、先生の建物はやはり芸術だと思った。

狭い土地だったが玄関から見ると階段が上に行くほど狭くなっているので、遠近法でずいぶん奥行きが深いというか、長く見えた。建物上部の窓は三角形で、それがそのまま地上に降りてきたようにテーブルも三角形だった。これも先生がデザインしたものだった。

私は万が一、繁昌亭を手放すことになったら協会会館に移そうと考えていた。そこで、先生に2階は広くしてくださいとお願いした。吹き抜けになった2階は、これなら十分寄席として使えると思った。1階は事務所で、ここもとても広かった。

吉本から「新築祝いは何がええ?」と聞かれたので時計をお願いした。ただし、くださるのではなく、こちらで作らせてくださいと言った。現在協会会館には変わった形の時計が三つ掛かっているが、これも先生に作っていただいた。

公益社団法人上方落語協会会館は平成24年4月に完成した。安藤先生の作品だということで若手の建築家や建築家を目指そうという学生たちが連日見学に訪れた。わざわざ写真を撮りに来た人もいた。改めて、さすが安藤忠雄やなぁと思った。

私は会長室にいるときも、2階のフロアにいるときも先生の芸術に浸ることができた。まさに至福の時だった。

私は先生の作品にはいっさい手を触れないように、また、何かのときはどんな小さなことでも必ず相談するように、とみなに言った。

ただ一つだけ困ったことがあった。それは三角形のテーブルだった。大きなテーブルで会議もできたが三角形の頂点のところに座る人間には狭すぎて書類も置けなかった。

「先生、一つだけお願いがあるんですが……」

「何やねんな？」

私が悩んで相談するとき先生はいつもニタニタ笑っていた。まるで私が困っているのを見て楽しんでいるようにも見えた。

「実は、先生に作っていただいたテーブルをもう一つ作ってもいいですか？」

「もう一つ？」

「ええ、同じものを」

「そうか、ほんなら発注しといたるわ」

しばらくしてテーブルが届いた。会議のときは二つのテーブルを合わせて長方形にして使うようにした。

28

協会会館完成から3カ月後の平成24年7月16日、なんばグランド花月で「三枝改メ六代桂文枝襲名披露」が行われた。この日を境に私は桂三枝から六代桂文枝になった。

襲名披露公演はなんば花月グランドを皮切りに1年8カ月にも及んだ。日本はもとよりフランスのパリでも2日間公演を行いファイナルは大阪フェスティバルホールだった。思い起こせば30年ほど前、落語家生活20周年のリサイタルを行った劇場で、あれからここまで来ることができたのかと感慨深いものがあった。

ファイナルも創作落語で臨んだ。それもネタおろしの「熱き想いを花と月に馳せて―滝廉太郎物語」。中学生のとき合唱部にいて滝廉太郎が作曲した「花」を歌ったことが頭にあってできた噺だった。

問題は明治時代にドイツに渡り、短い生涯にすばらしい楽曲を数多く残した滝廉太郎と大阪をどう結び付けるかだった。いろいろ調べてみると、滝廉太郎と同時期に都市計画を学ぶためドイツに留学していた人がいたことがわかった。帰国後この人は元・大阪市長の関淳一のおじいさんにあたる関一《はじめ》市長に請われて大阪の都市計画に参加した。そして、御堂筋の拡張など多くの仕事に携わった。現在の御堂筋を造った人なのだ。名前は直木倫太郎。私は彼のことを大阪の人たちにも、全国の人たちのも改めて知ってほしいと思った。

直木倫太郎は俳句にも通じていて正岡子規や夏目漱石、高浜虚子とも交遊があったことがわかった。そこで、ロンドンに留学していた夏目漱石を通じて直木倫太郎と滝廉太郎は友情を深めていく――「りんりん・れんれん」の友情の物語を創り上げた。

私の背後には作曲家三枝成彰さん率いる六本木男声合唱団が控えていて、噺の合間に滝廉太郎が作曲した歌を歌った。圧巻の舞台だった。客席から万雷の拍手をいただいて、私は襲名披露公演を無事終えることができた。
後日直木倫太郎さんのご遺族にお招きいただき、たいへん喜んでいただいた。

29

六代桂文枝襲名の3年後、平成27年の春に旭日小綬章をいただいた。受章の知らせを受けたのは3月19日、東京から大阪へ向かう新幹線の車中だった。そのときは、たいへん光栄に思い感激したが、喜びはつかの間だった。その晩桂米朝師匠がお亡くなりになったのだ（享年89）。

私にとって師匠は、落語の世界へと導いてくださった大恩人であり、上方の落語界にとっても師匠は、戦後風前の灯火だった上方落語を復興へと導いた方だった。その師匠に報いるためにもなお一層精進して、上方落語の発展に力を注ぐことを師匠の霊前で誓った。

そして、平成28年にはＮＨＫの大河ドラマ『真田丸』に千利休役で出演して、その後テレビドラマや映画にも出演するようになった。

この年、五代目文枝師匠に入門して満50年を迎えた。来し方を振り返ると、いちばん思い出深いのは、突然舞台に登場した黒い猫に笑いをさらわれた初舞台だった。情けなさと悔しさで涙を流す私に、お茶子のおくらさんがそっと寄ってきて言ってくれた。

「あんた、出世するで。初舞台で猫が歩いた芸人はみな出世するねん。かしまし娘さんも、昔この舞台を踏んだにときに猫が通って、それからやがな、売れたんは。売れると信じてやんなはれや」

この言葉を信じて頑張ってきた50年と言っても過言ではなかった。

おくらさんの言葉から何十年も後、大阪NHKの出演者ロビーでかしまし娘さんとお会いしたことがあった。そのとき、おくらさんの言葉を思い出して聞いてみた。

「初舞台のとき、舞台に黒い猫が出てきたそうですね」

意外な答えが返ってきた。

「いいや。そんなことはなかったで」

初舞台は今でも鮮明に覚えているけれど「そんなことは絶対なかった」と3人が口をそろえて言うのだ。

今となっては、お茶子のおくらさんがなぜ「出世するで」と言ってくれたのか知る由もないし、確かめようもないが、芸界に限らず当時の大阪には優しさが残っていたような気がする。その優しさに支えてもらって今の私があると思っている。

平成29年は落語家生活50周年ということで多忙を極めることになった。吉本興業はさまざまな記念イベントを組んでくれたし、テレビ局の特番もあった。

繁昌亭は開席して10年以上がたった。師匠の五代目桂文枝には見てもらえなかったが、四天王のお二人――桂米朝師匠と桂春団治師匠には出ていただいた。しかし、米朝師匠の後を追うように春団治師匠も一昨年お亡くなりになり、いよいよ寂しくなった。

「50周年イヤーですが、何かしたいことはありますか?」

吉本の人に聞かれてパッとひらめいた。ひらめきというか、思いつきは私の専売特許で悪い癖だった。

「これまで数多くの高座、舞台に上がってきましたが、日本一高い高座に上がって、日本一の噺家を目指したいと思います」

「というと?」

「富士山の山頂で落語をやりたいです」

周囲は驚いたが、この申し出は意外に早く実現した。

さっそく吉本の社内にプロジェクトチームが作られて、出発は7月12日。新幹線で大阪から三島に行って沼津のホテルへ。日付が変わった午前1時半にホテルを出て3時に富士山の5合目に到着。そこで1時間ほど低酸素に体を慣らして山頂へ出発。正午には富士山山頂に到着。それから山頂にある富士山本宮浅間《せんげん》大社奥宮にて275作目の創作落語「富士山初登頂」のネタおろしをする。すなわち奉納落語を行う。終了後下山して、夕方の新幹線で三島から大阪へ——という予定を知らされた。

登頂の3カ月ほど前からトレーナーについてトレーニングを開始した。痛めていた膝に負担がかからないようプールで歩いた。そして、吉本のプロジェクトリーダーから、

「自信をつけるために山登りをしましょう」

と言われた。大阪と奈良の県境にある金剛山か京都の愛宕山かと勝手に想像していたら、大阪と京都の境界に位置するポンポン山だった。標高1千メートル前後の

金剛山と愛宕山に比べてポンポン山は678メートル。ところが、登ってみるとかなりきつくて、自信をつけるどころか自信をなくしてしまった。

富士山登頂は死闘10時間だった。最初のうちは登山道の草花を楽しむ余裕があったが、7合目を過ぎたあたりから大粒の雨が降り出した。ずぶ濡れになりながら何とか9合目に到達したが、寒さで体力を消耗して息が上がっていた。血中酸素の濃度を測ると基準値を大きく下回っていた。ここで同行していたトレーナーからストップがかかった。

「やめましょう。血中酸素濃度がとても低いですから。これ以上無理をすると山開き以来初めての遭難者になりますよ」

こう忠告されたが、私には登頂を断念する気はさらさらなかった。

入門して間もない50年前、大阪から伊勢まで歩いたことを考えるとたいした距離ではなかった。もちろん平地と険しい山道の違いは大きかったが。それに、これしきのことでへこたれているようでは創作落語300作は達成できないという思いがあった。

血中酸素濃度を上げるために何度も何度も深呼吸を繰り返して再び歩き始めた。

そして、予定をはるかにオーバーして10時間かけて山頂にたどり着いた。

山頂は霧が深くて登頂したという実感はわかなかったが、奉納落語を終えて下山している途中で陽が差しだした。陽光を浴びながら人生とはこんなもんやなぁと思った。

私のこれまでの人生も、世間からは順風満帆に見えたかもしれないけれど、山だけでなく谷もあった。谷底へ転げ落ちそうになったことも何度かあった。それでも亡き師匠をはじめ多くの人たちに支えられて、また、運命という風に身を任せながらも必死に戦ってここまで来ることができた。登山道を下りながらつくづくそう思った。そして、支えてくれた多くの人たちに感謝した。

30

母は相変わらずだった。私が死闘の富士山登頂を達成したことも、もちろん知らなかった。

妻は、

「これを食べると元気が出ますよ」

と言って、母にしきりに食事を勧めたが食べようとはしなかった。

「お母さん、あの人わかりますか？」

と言って、妻がベッドをはさんで向かい側に座っている私を指差したが何の反応もなかった。母の目はうつろでどこを見ているのかわからなかった。

そんな母が反応したことがあった。

私が『ヤングタウン』で人気が出はじめた頃、母は私の留守に訪れたファンの人たちを家に招き入れ、お茶やお菓子をふるまってもてなしていた。この人たちが50年もたっているのに「おばちゃん、おばちゃん」と言って母を見舞いに来てくれていた。

その中の一人——当時中学生だったS子さんが母に私の写真を見せたのだ。彼女は見舞いに来るとき、私の写真をいつも首から下げていた。

「おばちゃん、この人誰？」

と聞くと、

「『しずや』言うたよ」

と、S子さんは教えてくれた。後日そのときの動画も送ってくれた。にわかには信じられなかったが、動画を見ると、母はたしかに「しずや」と言っていた。でも、本当に私だとわかって言ったのかわからなかった。もしかしたら母の私に対する記憶は、私が落語家になる前で止まっているのかもしれないとも思った。河村静也の時代で。

改めて母と私の人生を考えてみた。

先の戦争がなければ母も、私も別の人生を歩んでいたかもしれない。私の落語家人生もなかったかもしれない。そう考えると、私としてはこれでよかったと思った。母もつらかったときが多々あったと思う。好きでもなさそうな男と再婚したのは私のためだったのかもしれないし、子供の犠牲になったとわが身を恨めしく思ったかもしれない。

それを差し引いても同世代の女性に比べると母は自由に、好きなように生きていたと私には思えた。私が結婚してからも言いたいことを言い、よく外出もし、仲良くしていた友達とあちらこちらに旅行もした。お金の話をするのはどうかと思うが、お金に不自由することもなかった。それを考えると、母の人生はよかったと思うし、そう思いたい。

そして、私は子供の頃から独りで寂しい思いをしたが、それゆえほかの子供たちより人の温かさや人情の機微のようなものに触れることができた。これは落語家になってとても役に立った。

落語家になってからはいろいろな人に叱咤激励された。師匠の家に出入りしていたおこいばあさんには、

「あんたなぁ、芸人はあほにならないかんときもあるねんで。あほと賢いのが同じくらいないと歪んでしまうねん」

と言われた。その通りだった。

若くして亡くなった先輩の桂春蝶さんには、

「失敗して覚えたらええねんから。ただし、同じ失敗を繰り返したらあかんで」

いつも優しくしてくれた桂枝雀兄さんからは、

「お風呂でね、前を隠さんようになって初めて自分をさらけだすことができまんねん。お風呂で前隠してる？」

師匠の五代目桂文枝には、

「何をやってもかまへん。どこまでも枝を伸ばしてもええのや。けど、しっかり根を張っとかないかんで」

私にとってすべてが金言だった。そして、何よりも私の落語を聞いてくださる方たちがいたから今の私がある。

落語家生活50年を越えて、私は新たな旅立ちをしようと思う。これからは迫りくる老いと戦いながらの過酷な旅だと思うが、私は走り続けようと思っている。

平成30年5月いっぱいで上方落語協会の会長職を退いた。もっと走り続けるために。協会の会長ではなかなか自分の思うように動けない。公益社団法人では独断でなかなか物事をすすめられないからだ。

まだまだやりたいことはあったが、それが出来なければ、私にとって意味はない。充分、協会の仕事はした。これからは自分のために創作３００作を目指すこと、大阪市24区の落語を作ること、今はまだ言えないがもっと大きな夢が……。

その夢に向って走り続けよう！

おわりに

自らの人生を自分の手で書くのはこれほどたいへんなこととは思わなかった。書いていて楽しいところもあったが、つらいことのほうが多かった。読み方によっては自慢しているように思われるかもしれないし、あまりさらけ出すのもどうかと思ったところもあった。母については特にそうだった。母のことはこれまで語ったことも、書いたこともほとんどなかった。

書いていいのか迷ったけれど、私は母によって人生の試練と喜びを与えられたのではないか。言い方を変えると、私を独りにしたことも含めて、母は私に試練と喜びを与えるために、すべて計算して自分の人生を送っていたのかもしれないと思った。それが母親としての務めだと考えて。
「いつか天皇陛下様に会うねんで」
普通は言えないこんな言葉も計算して言ったのではないかと思えてきた。
だとすると、何より私を産んでくれて、そのうえ最高の人生を与えてくれた母に
「ありがとう」と礼を言わなければならない。
そして、この本を読んでくださったみなさんにも「ありがとうございました」と
お礼を申し上げたい。

桂文枝（かつら・ぶんし）

本名、河村静也。昭和18年7月16日生まれ、大阪府出身。

昭和41年、三代目 桂小文枝（故 五代目 桂文枝）に入門。昭和42年、ラジオの深夜番組に出演し、若者に圧倒的な支持を得る。昭和44年にテレビの司会に抜擢されてから、数々のレギュラー番組を担当する。昭和56年、「創作落語」を定期的に発表するグループ・落語現在派を旗揚げし、現在までに280作以上の作品を発表。2度の文化庁芸術祭大賞、芸術選奨文部科学大臣賞などを受賞し、平成18年秋には紫綬褒章を受章した。また平成15年、上方落語協会会長に就任。上方落語の定席「天満天神繁昌亭」建設に尽力。大阪の文化振興に貢献したことにより大阪文化賞特別賞を、平成19年には菊池寛賞を受賞し、秋の園遊会に招待された。平成24年7月16日、六代桂文枝を襲名。

現在、国内外で落語会や講演会を開催するかたわら、落語家やタレントの育成に励み、また、大学で特別講義を担当するなど、教育・文化活動にも力を注いでいる。

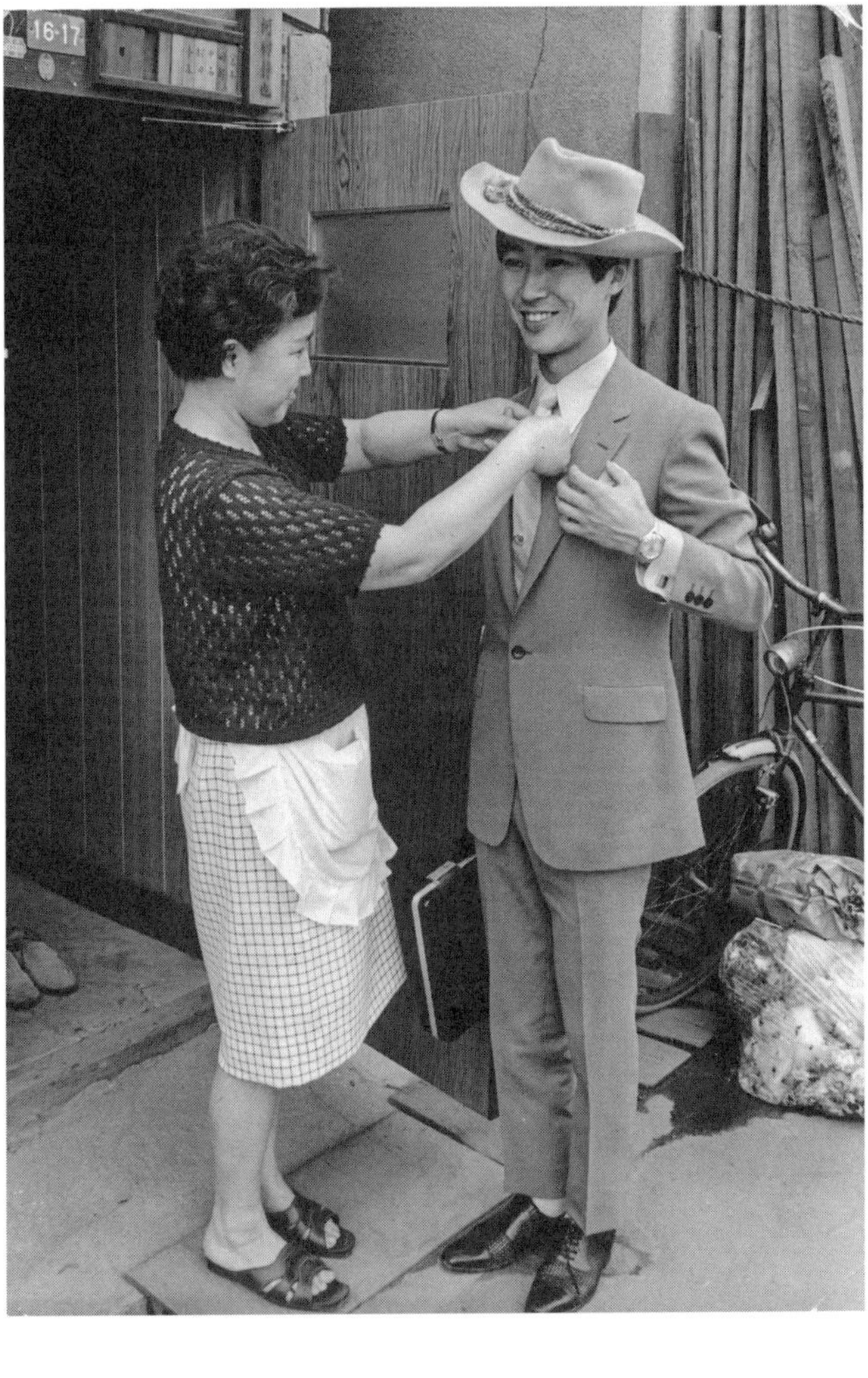
16-17

◎風に戦いで　◎著者＝桂文枝　◎発行人＝藤原寛　◎編集人＝松野浩之　◎編集＝竹内厚　◎編集協力＝吉田元夫、立原亜矢子、江藤優子　◎発行＝ヨシモトブックス　〒一六〇・〇〇二二　東京都新宿区新宿五ノ一八ノ二一　☎〇三・三二〇九・八二九一　◎発売＝株式会社ワニブックス　〒一五〇・八四八二　東京都渋谷区恵比寿四ノ四ノ九　えびす大黒ビル　☎〇三・五四四九・二七一一　◎印刷・製本＝株式会社光邦

◎ISBN 978-4-8470-9661-7　C0095

二〇一八年一〇月二十五日　初版発行
二〇一八年十一月　六　日　第二版発行

桂文枝の本

やまだりよこ・著

『桂三枝論』

ヨシモトブックス　1851円（税込）

テレビやラジオの番組関係者、東西の落語家、幼なじみなど数十人に及ぶ証言と数々の資料や文献から、桂三枝としての46年の歴史を気鋭の演芸ジャーナリストやまだりよこが丹念に解き明かす。

「真心サービスおじんタクシー」「ゴルフ夜明け前」「大阪レジスタンス」「鯛」「妻の旅行」「宿題」など、創作落語50選のあらすじ・解説も掲載。

桂三枝・著

『師匠、五代目文枝へ』

ヨシモトブックス　3086円（税込）

六代桂文枝を襲名することとなった桂三枝が、19人の弟弟子に対してインタビューを重ね、その語らいを通じて五代目文枝の功績に迫る。

附録として、年譜や口演記録の一覧など、五代目文枝の足跡を詳細に辿れる貴重な資料をまとめて掲載。現在の落語界の礎を築いた「文枝一門」のすべてを記録する落語ファン垂涎の一冊。